吉卜林

Rudyard
Kipling

吉卜林

Rudyard Kipling

皮波人物国际名人研究中心　编著

国际文化出版公司

·北京·

图书在版编目（CIP）数据

吉卜林/皮波人物国际名人研究中心编著. --北京：
国际文化出版公司，2013.4（2024.2重印）
（名人传记丛书）
ISBN 978-7-5125-0486-8

Ⅰ. ①吉… Ⅱ. ①皮… Ⅲ. ①吉卜林，
J.R.（1865～1936）—传记 Ⅳ.①K835.615.6

中国版本图书馆CIP数据核字（2013）第024723号

吉卜林

作　　者	皮波人物国际名人研究中心　编著
责任编辑	宋亚晅
统筹监制	葛宏峰　刘　毅　刘露芳
策划编辑	周　贺
美术编辑	丁鈺煜
出版发行	国际文化出版公司
经　　销	国文润华文化传媒（北京）有限责任公司
印　　刷	北京一鑫印务有限责任公司
开　　本	700毫米×1000毫米　　16开
	8.5印张　　　　　　　79千字
版　　次	2013年4月第1版
	2024年2月第3次印刷
书　　号	ISBN 978-7-5125-0486-8
定　　价	32.00元

国际文化出版公司
北京市朝阳区东土城路乙9号　　　　邮编：100013
总编室：（010）64270995　　　　　传真：（010）64270995
销售热线：（010）64271187
传真：（010）64271187-800
E-mail：icpc@95777.sina.net

目录

目录

目录

目录

在印度

出生在孟买的英国小孩

1865 年 12 月 30 日，在印度孟买海边的一幢房子里，英国的伟大作家和诗人约瑟夫·鲁德雅德·吉卜林诞生了。

吉卜林的父母都是牧师的子女。他的母亲艾丽斯是一个大家庭的长女，童年时居所不定，因为父亲的轮调，不得不从一个地方搬到另一个地方。她 7 岁的时候就已经到过伯明

吉卜林在孟买的出生地

翰、伦敦、曼彻斯特等地。

当时的牧师家庭并不算多么富裕，不过艾丽斯的父亲有很多藏书，这使得她从小就喜爱阅读。艾丽斯的母亲一直教导孩子们要互相友爱，安于贫困。在这样的家庭环境下，艾丽斯成长为一位苗条貌美、才思敏捷、善于调解纠纷和矛盾的女孩子。

吉卜林的父亲约翰·洛克伍德·吉卜林是约克郡人，他热衷于雕塑，学习过绘画和雕刻。与艾丽斯相识的时候，他是孟买艺术学校的建筑物雕刻教授。

1863 年春天，约翰和艾丽斯在一次野餐中相识，之后不久，他们就订婚了。艾丽斯的妹妹们都对约翰印象很好，于是，两个人的结婚似乎成了一种必然。他们婚后就去了印度。

吉卜林出生的时候，孟买正开始迈入极度繁荣的时代。那时候英属印度分成三个部分，长久以来孟买都不是什么重要的地方，一直被视为穷乡僻壤，直到 19 世纪工业文明兴起之后，孟买作为一个港口城市，才逐渐发展起来。美国内战时，英国没有办法从美国进口棉花，棉纺织业突显了孟买在交通上的地位；同时，通往孟买的铁路的建设，也使它成为印度西部的交通要道；1869 年苏伊士运河通航后，孟买更成为印度通往苏伊士运河的门户。

约翰在孟买工作，致力于印度民族艺术的复兴，使印度古老的文化能够保存下去，不被新的工业文明所湮没。他忙于雕塑纪念碑，绘制古建筑的图样，研究印度古代的工艺，以及举办古印度人生活方式的展览，他想要让旧式的生活方式适存于新时代中，而不是完全被淘汰掉。即便在今天看来，这也是一种崇高的理想。后来，约翰的这种理想影响到了他的儿子吉卜林，吉卜林的很多作品中对此都有强烈的表现，那是既热衷于科学技术，又怀念崇敬过去民俗的矛盾心理。

关于幼年的事情，吉卜林记得多少呢？大概 70 年后，他写下这样一段回忆：

> 我的第一个印象是破晓时刻的光和颜色，以及有我肩高的金色和紫色的水果。我在清晨和女佣，以及坐在婴儿推车中的妹妹一同走到孟买水果市场。回来的时候，我们买的东西高高地堆在推车的前面。这些就是我对那时候的记忆。

吉卜林幼年时，家里养了三只狗，两只是铁利亚犬，一只是京巴。吉卜林最喜欢小京巴了，约翰给他一根小鞭子，当京巴吃东西的时候，那两只铁利亚犬如果太接近，吉卜林就用鞭子打它们。但是，在吉卜林前往艺术学校的途中，碰到一只母鸡攻击他的时候，他就不那么大胆了："那是一个有翅膀的怪物，和我一样大。"他哭着逃开了，父亲好不容易才把他哄得破涕为笑。

第一次英国之行

1868，艾丽斯带着两岁大的吉卜林回到英国。在伦敦，吉卜林的妹妹翠丝出生了，吉卜林则被送到他的外祖父母家里小住。

吉卜林对于他祖国的第一印象有点不好，他后来描写道：

> 一块阴暗的土地，房间暗且冷，一位身着白色衣服的妇人在生火。我从来没有看到过壁炉的铁栏，因此怕得大声哭起来。

吉卜林对英国气候的敌视，一直延续到成年以后。

外祖父母一家似乎不太欢迎吉卜林的到来，当时住在同一屋檐下的包括吉卜林的外祖父母，以及他的两个还没有嫁人的姨妈。他们的房子很小，卧房不够，吉卜林不得不跟他的艾迪丝姨妈睡同一张床。吉卜林睡觉会乱踢，而且他习惯有印度仆人听他的支使召唤，夜里会不时要水喝。在英国，小孩睡觉时是不可以随便说话的,因此他被人看作被宠坏的、讨人厌的小家伙。

他的露意莎姨妈下了很大工夫才能继续容忍他，保持那种出于家族关系的慈爱。等到吉卜林离开之后，露意莎对艾迪丝抱怨道："艾丽斯的孩子太吵闹了，把家里搞得一团乱。吉卜林动不动就乱叫，爸爸对此很不舒服。他终于走了，真是谢天谢地。一个没有规矩的孩子能制造多少混乱，我算是见识到了。"

吉卜林尽管常发脾气，但就像大多数给宠坏了的孩子一样，很能自得其乐。他在街上就曾经表演了一番。据说吉卜林踏着大步往前走，一边走一边高声叫道："让开！让开！会发脾气的吉卜林来了！"吉卜林当时最崇拜的人是他外祖父的马夫，他常常用粗哑的声音模仿马夫说话。当吉卜林和他只有一岁大的表弟在一起时，他原本的好脾气显露出来了，他非常温和。其实，吉卜林只有在大人的世界里才表现出专制作风罢了。

回到孟买后，吉卜林与他的仆人成了亲密的朋友，印度语成为他的第一语言。约翰和艾丽斯的生活虽然不是很富裕，但还是很舒适的。通常上午孩子们不会来打扰他们，下午仆人把孩子们收拾得干干净净地来见他们。这时候他们会说："现在跟爸爸妈妈说英语。"接着艾丽斯一边弹琴，一边唱歌给孩子们听。到了晚上，孩子们又交给仆人照顾，约翰和艾丽斯则外出应酬。

因为没有太多约束，吉卜林和翠丝常常在家附近乱跑。

他们玩黏土，或缠着女佣给他们讲印度民间传奇故事，有时也让仆人唱印度儿歌给他们听，这些儿歌深深地刻在了吉卜林的脑海中。

晚上父母都出去时，吉卜林和翠丝就跟女佣到海边棕榈林中散步，常有风把棕榈果吹落下来，三个人一块儿逃到空地上，呵呵地笑。"我一直感觉热带黄昏时的黑暗会令人产生一种胁迫感，"吉卜林后来回忆说，"但我也喜欢夜风吹过棕榈和香蕉叶子的声音和树蛙的歌唱。"

那是一段简单而美妙的童年生活。1871 年，吉卜林六岁时，全家回英国度假，吉卜林和翠丝没有想到他们即将要与这种生活永别了。

寄人篱下

1871 年，吉卜林一家回英国度假。这次回国，除了度假，约翰还有另一个目的，他希望找一所满意的学校，送吉卜林去就读。

那时候，住在印度的英国家庭都要考虑是否把孩子送回英国接受教育，在印度没有令人满意的学校，更没有著名的学校，因此，如果在印度接受教育，孩子们长大之后是不可能得到应有的地位的。

从大多数 19 世纪英国人的观点来看，印度再好也比不上英国。尽管大多数真正有能力的将军早期都在印度服役，从与当地敌对势力的战斗中学到了军事战术，但人们仍然认为印度的陆军水平赶不上英国本土的陆军。在这种观念的指导下，在印度受教育的孩子如果想回英国发展，就势必被本土英国人看不起。所以很多为孩子前途着想的父母，必然得想办法把孩子送回英国接受教育。

1871 年夏末，约翰和艾丽斯结束度假返回印度，吉卜林和翠丝没想到自己会被留在英国。他们的父母回到孟买那幢漂亮的房子里去了，他们却必须住在海边一个不熟悉的市镇里的一幢又小又冷、不太舒服的房子里，由两位不认识的大人来照顾他们。约翰和艾丽斯事先没跟孩子们提过要把他们留在英国，离开时又是不告而别，这会造成什么样的后果，我们不难想象。从好的方面来讲，他们的做法是想避免孩子们事先知道后不开心、不接受，但与此同时所造成的破灭、伤心与不知所措，给孩子们幼小的心灵带来了巨大的伤害。吉卜林和翠丝觉得被抛弃了。

我们可能会觉得疑惑，约翰和艾丽斯为什么让吉卜林和翠丝去跟陌生人住在一起？跟外祖父母住在一起不是更好吗？还有，为什么在他们还那么小的时候就把他们送回英国？吉卜林一定想在印度的阳光中多待一两年，翠丝还那么小，只有三岁。这些问题很重要，不过，首先要告诉大家的是，因为这个行为，约翰和艾丽斯被称为极为理想的父母。

艾丽斯曾经向她的一位朋友解释，说她从来没有想过把她的小孩留在她父母或妹妹家。是因为妹妹之前的抱怨吗？艾丽斯不希望因为孩子们的关系影响姐妹感情？还是她不愿意听到她的妹妹对她的孩子有什么不好的批评？也许两种情况都有，但是艾丽斯更主要的目的是希望孩子们离开家庭，过一种相对独立的生活。

约翰和艾丽斯的办法是在报纸上登广告，替孩子们找寄养父母。住在朴次茅斯的何洛威先生退休之前是一位船长，为了贴补退休金的不足，他和妻子为在殖民地服务的人看管照顾孩子，并送这些孩子到附近的学校上学。何洛威先生家的房子不算大，增加两个孩子已经够多了。何洛威先生的儿子哈利，在吉卜林和翠丝到他们家的时候已经 12 岁了。等到吉卜林像他这么大时，哈利已经在一家银行里工作，并离开了朴次茅斯。

从表面上看，这个安排很令人满意。何洛威夫妇对照顾孩子很有经验。何洛威先生正是好幻想的孩子们所喜爱的那种罗曼蒂克的老水手，而且照顾小孩极为可靠。他经常带吉卜林到海军基地去看海军的活动情形，教他唱海军军歌，给他讲自己做船长时的故事。何洛威太太则把家管理得很好，孩子们营养均衡，衣着干净整齐，而且没有受到溺爱。吉卜林之前那些显得有点没有礼貌的行为也有了显著的改正。

外祖父和姨妈们都曾到何洛威先生家，看这两个孩子是不是过得很好。大家对看到的情形都很满意。"孩子在态度上改进了很多，似乎也都很快乐，"外祖母的信上这样说，"他们似乎与何洛威太太分不开，她也很喜欢他们。"露意莎在她的日记上也这样记载着："吉卜林家的小孩很好而且很快乐，每天都有进步。何洛威太太真是一位极好的家庭主妇。"鉴于上面这种几乎一边倒的赞扬之声，当大家看到吉卜林对在何洛威家的生活加以直接而清楚的指责时，不免大吃一惊。

> 后来，老船长死掉了，我很难过，因为根据我的记忆，在那幢屋子里，只有他对我说过慈爱的话。
> 由于那个女人，那幢屋子里完全实行严格的宗教管理。我以前从来没有听说过地狱，而在那幢小屋里，我见识到了地狱里的一切恐怖。

这并不是一个被宠坏的小孩对于没有关爱的那段童年所提出的抗议，而是一个成人在回忆那段被无知、愚蠢，以及残酷的成人所欺凌的时光，这段生活使他在 11 岁本该无忧无虑的年纪，居然有了神经衰弱的毛病。

究竟是哪里不对劲呢？根据吉卜林在作品中的描述，何洛威先生的形象是"高大、清瘦，头发灰白，一条腿跛掉了"。何洛威太太在整个家庭中占据主导位置，由于她已经有了一个儿子，因此可爱的小翠丝能够立刻赢得她的喜爱。但是吉卜林的顽皮却让何洛威太太极为厌恶，甚至不能忍受。吉卜林幼年时到底顽皮到什么程度呢？又或者其实顽皮的标准在每个成人心中各有不同？总之，何洛威太太非常不喜欢吉卜林。她发现吉卜林的父母未教他认字，居然出言羞辱这个只有六岁的孩子，所以我们有理由相信，吉卜林这段时间的生活并不快乐，甚至有些寄人篱下的悲哀感。

何洛威太太这样对待吉卜林的理由是什么呢？仅仅是因为她已经有了一个儿子，所以不喜欢男孩子吗？容我们私下揣测一下，她有没有可能是因为妒忌吉卜林比她的儿子出身更好，前途更远大呢？这一点我们不得而知。不过，吉卜林幼年生活的不愉快，以及他的神经衰弱的毛病，却是可以算在何洛威太太头上的。

何洛威太太不能令人原谅的错失可以归纳为以下几项。第一，也是最糟糕的就是在感情上把吉卜林孤立起来，甚至想办法使翠丝和她哥哥敌对。何洛威太太表现出很喜欢这个小女孩的样子，并很快获得了翠丝的敬爱，此后翠丝就对吉卜林的顽皮表示不悦，但她太小，搞不清楚她哥哥做了什么坏事让她不高兴。翠丝无心的疏远造成了一种状态，吉卜林也觉得自己犯了错，可是错在哪里呢，他也不知道，这使吉卜林以后的生活都受到了不好的影响。

在何洛威太太的不信任、唠叨和严格纪律的压力之下，吉卜林变得精神不安，并且养成了说谎的习惯。一次，何洛威太太在吉卜林的外衣背后贴了一张"说谎者"的标签，让他穿着去上学。这种侮辱人格的教育手段，为现在的很多父母所不齿。吉卜林每犯一次错，何洛威太太就叫他背一篇祈祷文，以增强他对英国国教的信仰。关于后一点，吉卜林多年以后觉得还不错，因为他晚年的时候还可以清楚地记得那些祈祷文。

当吉卜林和翠丝初到何洛威家的时候，哈利还是一个又黑又滑头的小孩，和他母亲一样喜欢搬出宗教的教条以大欺小。他跟吉卜林住在同一间卧室里，常常用严厉的逼问的语气询问吉卜林白天做了些什么事，如果吉卜林回答得前后矛盾，他就报告他母亲，说吉卜林又说谎了，然后吉卜林就会受到责罚。吉卜林私下称哈利为"小恶魔"，称何洛威太太为"恶魔之母"，称何洛威家为"孤寂之屋"。吉卜林后来多次到过朴次茅斯，不过他从没有去探望一下何洛威家的想法。想来是在那里受到了很大伤害。

阴霾中的一线光明

当然，在这段时间里，吉卜林也有过轻松和快乐的时刻。他自从识字以后，就持续不间断地看书。他的父母从印度寄了许多书给他，他喜欢上了华兹华斯的诗，以及《鲁滨逊漂流记》一类的小说。

吉卜林最快乐的时候是圣诞节和其他节日，因为他可以到乔琪姨妈家的农庄去。乔琪姨妈很喜欢这个已经变得温顺的外甥，无微不至地照顾他。表哥菲尔和表姐玛格丽特也非常友善，吉卜林和他们相处得很好。姨父常常作画逗孩子们开心，晚上也和他们一起做游戏。

乔琪姨妈家的农庄和"孤寂之屋"之间的差别真是太大了。在农庄里，家具可以斜过来，当做滑梯戏耍；当乔琪姨妈弹风琴的时候，孩子们为她拉风箱，"如果风琴发出不悦耳的声音，可爱的姨妈只是难过而已，却从来不会生气，更不会对我们发脾气"。

农庄里的欢乐时光总有结束的时候，吉卜林总是要回到何洛威太太那里去，接受她的询问和处罚。如果吉卜林在"孤寂之屋"说起在乔琪姨妈家那些快乐的日子，他就会被指责为炫耀；如果他提到自己曾在乔琪姨妈家遇到许多他那时候文学界和艺术界的知名人物，他就会被指责为吹嘘。何洛威太太和哈利总是说——"那样一个有声望的人是不会和小孩子玩的"，对吉卜林来说这真像是被泼了一头冷水。

吉卜林的视力日益减弱，这对十岁的小孩来说是很少有的，而何洛威太太竟然以此为借口禁止吉卜林看书。看书是吉卜林逃避痛苦的唯一方式，他怎么可能放弃呢？于是吉卜林开始偷偷地跑到光线不太好的地方看书。他的功课也因此受到了影响。吉卜林屡次将成绩单丢掉，各种迹象显示他的压力已经超出了他能够承受的范围。他开始看不清楚东西，眼前总是有幻影出现。当吉卜林再次到乔琪姨妈家时，乔琪姨妈也看出了他的反常，并写信告诉艾丽斯。医生的诊断结果显示，吉卜林已经"半盲"了。1877 年，艾丽斯在离开孩子们六年之后，终于又回到了英国。

她看到两个孩子神情不安，对她并不亲昵，反而显得很陌生。是的，吉卜林看到母亲回来居然非常害怕，因为他已经相信自己正如何洛威太太所说的那样顽皮，那样朽木难雕，他怕母亲会比何洛威太太更加厉害地处罚自己。吉卜林也一直没有告诉过乔琪姨妈他在"孤寂之屋"的生活，他怕姨妈以为是他任性，从此不让他再到农庄去。所以，艾丽斯对吉卜林和翠丝的真实情况可以说是一无所知，她晚上到楼上来亲吻吉卜林的时候，吉卜林深信她是要在黑夜里打他，并举起手臂来抵挡。

　　艾丽斯带着吉卜林和翠丝出去度假，这使吉卜林得以康复，并逐渐快乐起来。在一个森林农庄里，吉卜林认识了一位吉卜赛朋友，他喜欢听他说买卖马匹时作弊的情形。吉卜林被何洛威太太压制的喜欢胡闹的本性又恢复了，农人们发现他是个难驯的小孩子，每每都要防备他趁着牛在野外吃草的时候挤牛奶。露意莎姨妈家的表弟斯坦利·鲍德温来到这里以后，两个小男孩更是到处乱跑。在斯坦利·鲍德温来以前，吉卜林回到家里靴子上不是沾了大便就是猪油，已经够艾丽斯受的了，现在两个小孩在一起，更是满身是泥，一身臭味。尽管如此，艾丽斯还是不忍心处罚孩子，她只好叫没有结婚的妹妹艾迪丝来帮忙。艾迪丝对如何让小孩子听话似乎有一套行之有效的方法，她到来之后，吉卜林和斯坦利·鲍德温变乖了很多。

　　斯坦利·鲍德温离开之后，吉卜林开始失眠，此后，他一生中常常犯这个毛病。

艾丽斯带吉卜林和翠丝去博物馆看艺术展览，两个孩子沉迷其中，流连忘返。在那些珍藏之中，吉卜林看到了狄更斯的手稿。他发现了自己的兴趣所在。

> 度完假之后，我得知我母亲曾经写过诗，我父亲也写过东西。那些书和图片是世界上许多重要东西的一部分。我想看多少书就看多少书，而且可以请教我所遇到的任何人。我也发现一个人可以用一支笔，把他所想的写下来，没有人会说他在炫耀。

艾丽斯在回印度之前，把吉卜林拜托给朋友照顾。吉卜林开始在一所寄宿学校上课，假期就由母亲的朋友照顾。艾丽斯的这几个朋友都是有教养的人，他们喜欢哲学和诗歌，对19世纪80年代的一些著名作家都很熟悉。吉卜林不是一个温顺得没有缺点的孩子，但他在那里很快乐。

令人疑惑的是，翠丝被送回了"孤寂之屋"。吉卜林有时候会去看她。

学生时代

寄宿学校

经过"孤寂之屋"的不愉快事件以后，约翰和艾丽斯在为他们敏感的儿子选择学校方面，就比较慎重了。他们的朋友克姆是一位校长，吉卜林称他为克姆叔叔。吉卜林被送到他那里，结果，在他那里的几年，成为吉卜林接受正规教育的仅有的几年。

克姆和乔琪姨妈的丈夫是同学，毕业于牛津大学，曾到俄国给有钱人家的孩子做家庭教师。返回英国后，他继续以教书为业。后来他到了一所公立学校担任舍监，这所学校的大多数学生是驻印度的英国人子弟。到 1874 年，英国政治改革，军官职位不再是花钱就可以买得到的，而要通过严格的考试，一群军官决定成立一个学费不贵的学校，让他们的子女就读，以便将来参加这种考试。他们想到了克姆，邀请他做校长。于是以克姆为校长的联合服务学院成立了。

联合服务学校位于海边，是一排白色五层楼的公寓式的房子。吉卜林在 1878 年初来到这所学校，那时它才初具规模。

到学校还不到两天，吉卜林就结识了一位朋友。这位朋友叫乔治，爱尔兰人，不喜欢说话，态度严肃而资质优秀，极喜欢看书。乔治发现，这位年纪轻轻嘴上就长了细细髭毛的新同学也很有文学天赋，于是两人很快就成了亲密的友伴。

第一学期并不好过。学校开办不久，学费便宜，学生出身很杂，再加上克姆的管理并不是很严格，学生之间常有以大欺小的事情发生。

其实学校刚成立的时候，以大欺小的行为更为猖獗和残暴，只是乔治和吉卜林没有赶上而已。不过他们在联合服务学院就读时，仍然有被较高大的学生欺负的危险。

19世纪末的寄宿学校都以鞭打学生的手段来维持纪律，但是由于克姆的自由派见解，这种打骂手段在联合服务学院用得不多。如果有人冒犯班长的权威，他们被准许打冒犯者三下；如果没有参加规定必须参加的比赛和活动，也会受到被打三下的处分；舍监可以打学生，如果学生犯了严重的过失，如饮酒等，则要报告校长，校长会在大庭广众之下鞭打犯者，或予以开除。

吉卜林当然不喜欢受到鞭打的屈辱，因此经常十分小心谨慎地处理自己的日常事务。他长得越来越强壮，也越来越有信心。他是全校唯一戴眼镜的人，因此外号为"眼镜"。因为视力不好，他获准可以不参加某些活动。他喜欢读书、写东西，常有男孩子嘲笑他的这种爱好，但没有人认为他是无用的人，而在他那个小世界里有着至高无上权威的人物——校长，还认为他是讨人喜欢的、有价值的人。

这些经历对吉卜林性格和心态的发展是极为重要的。他成为作家后，偏爱写作狂暴而感觉不敏锐的男性社会的文章，书评人曾一度认为他是个感觉不敏锐的人。说到鞭打处罚，吉卜林描写得就好像谈论握手一样轻松；他对狂暴恶作剧十分喜爱；他容忍军人任意残杀敌人等。这些都被人引为证据，用来证明吉卜林本性残忍。

良师益友

在这期间，吉卜林很幸运地遇到了一位真正一流的教师威廉，从他那儿，吉卜林初次涉猎了英国文学和拉丁文学。

乔治是一位自负的、半吊子的知识分子，认为教师都是些教书匠，因此没有从威廉那里学到什么，但吉卜林却拼命地学。他仔细听威廉的讲评，投入到文学的海洋中，乐此不疲。威廉一开始对吉卜林并不见得多欣赏，他甚至常常讽刺他，但吉卜林认为这证明他已经有所表现，引起了威廉的注意。

威廉经常在课堂上使用一些程度深浅不同的措辞，吉卜林很欣赏这一点。对于美国诗人惠特曼，他们的意见有些不同，威廉认为惠特曼只是一个走江湖的人，他的名气是伦敦的知识分子吹捧起来的，而这些伦敦知识分子却是吉卜林和他的克姆叔叔经常交往的人。

　　威廉对吉卜林和这些伦敦知识分子的交往，并没有嫉妒的表现。我们可以确定，吉卜林在与威廉的争论中，学到了很多东西：首先是一个人对文学的评价要根据自己真正的感觉，而不是社会上流行的趋势；其次，对于一首诗，一定要阅读之后再评价它的好坏，不能人云亦云。威廉不喜欢惠特曼的诗，但他却有一本惠特曼的诗集，而且他可以随时引用其中的句子，指出他不喜欢惠特曼的原因。吉卜林在离开学校许多年以后，仍然从印度把他写的新闻报道寄给威廉，听取他的意见并进行修改。

　　吉卜林和他的朋友乔治等人共同反对的是威廉的公校专业主义。威廉早年接受的是19世纪牛津大学的教育思想，他遵循的是严格的管教方法和明确的管理目标。吉卜林和他的朋友反对这种重视外在琐事的管理方式，他们年少轻狂，将"宿舍精神"、团队行动和注重学院外在形式视为虚伪的排场，孩子的童真使得他们比较喜欢克姆的自由主义观念。

　　威廉是当时公校舍监的典型之一。他管理宿舍就像管理自己的房间一样，在琐事方面也要求学生们必须井井有条。他自己的衣着总是整齐合身，并且为了表现出谦虚，他没有让学校知道他还是一位杰出的运动员——他得过两次划船比赛的冠军。但是，吉卜林和他的朋友对这些却不甚在意，他们还想改正威廉注意外在的想法，他们认为威廉的这种做法使他们不能发挥天性自由自在地成长。不过，多年之后，吉卜林认识到威廉对他的影响是很大的。

和吉卜林较为意气相投的教师是威利斯先生。他是一位随遇而安、不爱管闲事的人，也很喜欢吉卜林，常鼓励吉卜林发展文学方面的爱好。他借给吉卜林很多书籍，当吉卜林稍长大一点之后，他还经常邀请吉卜林到他的书房里，威利斯不在乎校规，常和吉卜林一同抽烟，彼此谈论些有益于思想而不带神学味道的事情。

威利斯先生很少参加学校组织的运动方面的活动，可能是因为他洪亮的声音太引人注意，也可能是因为他的衣着总是不太适合运动。不过他喜欢游泳。而吉卜林的游泳技术也不错，他的视力不允许他参加足球一类的活动，所以他时常跟威利斯先生出去游泳。当其他学生在运动场上挥汗如雨的时候，吉卜林在游泳池边朗诵英国诗人及剧作家的作品，并试着理解他们的诗歌中那复杂的韵律。

吉卜林是学校里的知识分子和诗人，因为喜欢读书而和乔治相交。两个人自认与众不同而不大和其他同学来往，并崇拜一些其他同学不知道的人物，如英国杰出的评论家和社会理论家罗斯金和英国著名的画家及诗人罗塞蒂。

吉卜林和乔治一有空就到教室去，在天气好的时候还会一起在校园里游玩。他们最喜欢做的事是在宿舍聚餐，以补充学校便宜、素淡和不足的食物。

曾有两个年级稍高一点的足球员邀请吉卜林和乔治搬过去与他们同住，因为他们原来的室友去了英国陆军军官学校。吉卜林和乔治搬了进去，他们对充满运动员气氛的房间重新进行了布置，比如把球队的队帽摘下来，换上华丽的陶瓷架子或是日本风格的扇子。他们还在房间里放了一套色彩鲜明活泼的混凝纸模型鸟，这使得房间的整个氛围更活泼，有些艺术家的气质。

这间宿舍有一扇弓形窗，可以俯瞰大海，室内空间也很大，吉卜林和乔治把因窗子突出的地方围成舞台，自排自演一些短小的闹剧，请同学们来观看。两位足球员也在其中出演了一些角色。

这一时期，吉卜林又结识了一些新的朋友，邓斯特就是其中的典型代表。邓斯特是一个非常爽直的人，很会开玩笑。他很容易和人相处，比两位足球员能更好地和吉卜林与乔治相处，也比吉卜林与乔治更能和两位足球员玩在一起。

后来，由于一位老师要用他们的房间做卧室，他们只好散伙了，两位足球员加入了更适合他们的一伙人中，而吉卜林和乔治只好另找宿舍了。

他们发现之前老师住的那间宿舍虽然稍微小了一点，但是如果空间利用得好，可以改成三个人用的书房，于是吉卜林和乔治邀了邓斯特一同去向老师请求，准许他们三个人用这间宿舍，老师同意了。

吉卜林和乔治又开始了他们装饰新家的活动，首先要做的是使这间书房具有一种特色，他们按照当时最流行的室内装潢方案把墙壁漆成巧克力色和灰色，并在护壁和烟囱上刻了希腊金银花和"卍"形的图样。他们还用有限的钱到旧货店买了一些古董和石质的装饰品。可是这样，他们买可可的钱就不够了。

邓斯特熟知生活中的很多常识，对于一般大众的心理行为也很了解。凭这些，他成了三个人中的领袖，尽管吉卜林和乔治可能比他更有才华一些。如果不是邓斯特具有这方面的才能，乔治和吉卜林可能要放弃一些他们喜爱的装饰品。邓斯特知道其他同学一直很喜欢那些混凝纸模型鸟，于是他建议将这些模型鸟拍卖出去。乔治和吉卜林认为这是个很好的方法，他们把之前买的那些古董和石质装饰品藏起来，对外宣称想要买可可才不得不把模型鸟卖掉。当每一只年久而变得有点光秃秃的模型鸟有了买主的时候，乔治和吉卜林他们还会装出很遗憾、很不舍得的样子。钱到手之后，他们就到镇上去，买可可或者其他一些很早就看中的装饰品。吉卜林后来回忆学校生活时，对邓斯特这种聪明甚至有点狡黠的算计描写得极为夸大，也极为崇拜。

学校的功课三个人也分着做，邓斯特似乎是准备从军的，他精于数学，足以做其他人的老师。乔治擅长的科目是拉丁语。而吉卜林的法语则比较优秀。

吉卜林的私生活越来越充满文学性，他开始尝试着写诗。不过这时候，散文似乎是他的专长。吉卜林在校刊担任编辑，他不仅负责文章的撰写，也要协调出版的各种事宜。这份工作使吉卜林学会了怎样赶截稿期限，怎样写东西去填满缺稿的空页，以及如何到印刷厂去催印等。

　　克姆也让吉卜林来管理他的书房，鼓励吉卜林看任何他感兴趣的书。这样，吉卜林可以看到范围很广又各成一家的文学著作。他看书的时候，克姆常走过来鼓励他对这些作家的作品认真研究思考一番。

　　假期对吉卜林而言，是接受进一步艺术和文学教育的机会。他到露意莎姨妈家去住，在她那里，他看到了更多人的作品。这期间，约翰有一次回英国度假，带着吉卜林到巴黎游历了一番。那大概是 1878 年，约翰从印度到法国，督导巴黎博览会中的印度展。他给了吉卜林一张进入博览会会场的通行证。

　　吉卜林目睹了巴黎圣母院的美丽，参观了伏尔泰故居，他每一天的行程都排得满满的。在巴黎的这段时间，吉卜林也体会到了普法战争法国战败后，巴黎人民惨痛的心情。渐渐地，吉卜林有了亲法的倾向。约翰看到这种情形后，觉得不应该因为语言障碍妨碍了吉卜林对法国文化的认识，他给了吉卜林一本法国小说家的作品的英译本，等吉卜林看到一半时，再换成法文本，附赠一本字典。这增强了吉卜林的法语能力，使得他成了学校里法语最好的孩子之一。

大丈夫气概

　　从前面的故事中，我们可以看出幼年时的吉卜林是有点爱好炫耀的，当他离开学校时，这种年轻人的傲慢，似乎已经引起了他人的不满和厌恶。其实，我们可以理解，像吉卜林这样一个孩子，视力不好，无法在体育方面有所表现，也不能寄希望于将来去当军人，那么，除了吹嘘，还有什么方式能够表现他的大丈夫气概呢？

年幼的吉卜林为了在朋友们中间显示他的大丈夫气概，还做过一些比较残忍的事情，比如杀死一只青蛙。不过等他过了青春期之后，他就意识到自己的这种行为是不对的，转而在语言方面寻求他大丈夫气概的出路。

由于遗传的关系，吉卜林很早就长出了胡子，这算是为他的大丈夫气概加分的地方。校方命令吉卜林把胡子刮掉的时候，他感到有点骄傲，因为很久以后邓斯特和乔治才用上刮胡刀。

除此之外，吉卜林渊博的文学知识也是他大丈夫气概的另一种体现。他读过很多其他同学没有读过的书，知道许多令人惊奇的事情。

在学校期间，吉卜林认识了一个女孩子。她的名字是高娜德，她是另一个寄养在"孤寂之屋"的孩子。吉卜林在假日去看翠丝的时候遇见了她。她比吉卜林大一两岁，长得十分漂亮。吉卜林觉得自己爱上了高娜德。

对于吉卜林的日渐长大，他的父母有着比较简单的做法，他们在印度自费出版了吉卜林陆续发表在校刊上的诗歌和散文，同时，他们相信，吉卜林可以依靠他的笔杆赚钱了。由于约翰和艾丽斯没有钱送这个有天分的孩子上大学，所以他们决定让他回印度跟他们住在一起。1882年的某一天，克姆将吉卜林叫到书房，告诉他他将会返回印度，并在一家报社里任职。

吉卜林一想到他将会得到真正的工作，赚到真正的薪水，不禁大为高兴。但在私人感情方面，他陷入了一片混乱。和父母团聚固然是一件高兴的事，不过他怎么能够离开高娜德呢？他对朋友说，他认为自己应该给父母发一封电报，说他已经讨了一个老婆，所以不能回印度。朋友们以为他在开玩笑，乔治认为充满文学气息的伦敦当然比缺乏文学气息的印度对吉卜林更有诱惑力，他不想回去理所当然。

不过，不管怎么样，9月，吉卜林还是一个人登船离开了英国。让我们有些不解的是，他心里坚定地相信他已经和高娜德订过婚了。

小荷才露尖尖角

一家团聚

从 1882 年到 1888 年的七年间，是吉卜林一生中最重要的一段时间。在驻印度的英国人中生活和工作，使他走上了写作这条道路，并使他形成了对事物的态度，为他提供了许多写作的素材。

这位联合服务学院的知识分子，在英国受到的教育教会了他人道主义、大世界主义，但是后来他逐渐变得狭隘，推崇种族歧视和殖民扩张，这与他这段时间在印度的生活不无关系。不是说印度社会的观念落后、缺乏教养，而是在英国驻印度的军官之间，这些思想才是正统的、主旋律的。

当然，驻印度的英国军官社会也有很多吸引吉卜林的特点，比如勤勉奋发、尽职尽责、临危决断，以及强烈的团队精神。最后一点可能是最吸引吉卜林的了。他的一生似乎都在寻求团体的支持，许多研究者认为这就是吉卜林性格的中心。如果这种说法是正确的，那可能是他这七年在印度的关系，而不是因为他一个人被送到"孤寂之屋"造成的。

1857 年的密拉特事件以后，驻印度的英国军官更是非常团结。而印度社会自身也发生了很大改变，首先奴隶制度被废止了，妻子殉夫的习俗也被禁止了……

到 19 世纪中叶，驻印度的英国人已经认为他们天生要比围绕在他们四周的任何种族来得优越。但是，任何在印度有地位的英国人，在英国本土却不为人知。在英国本土的英国人对统治印度的政府经常遭遇的问题一概不知，而且也没有兴趣。

长此以往，驻印度的英国人在道德上和情感上都和祖国产生了裂痕，他们逐渐变成一个自觉意识很强、寻求内部认同的团体。他们自己有自己的俗语、习惯，以及极强的集体责任感和荣誉感。吉卜林在这种社会里度过了他重要的七年——直到 23 岁，不可避免地，这个社会对他的一生产生了不可磨灭的影响，也使他的心智变得狭隘了。

在孟买上岸的时候，吉卜林发现他很自然地说出了自己以为已经忘记了的印度语。吉卜林继续前往拉合尔，他的父母在那里已经住了七年。约翰在 1875 年被调到拉合尔担任博物馆的馆长，同时还负责按照孟买艺术学校的规模，在拉合尔成立一所艺术学校。

按照驻印度的英国人严格的阶层划分来看，约翰的地位并不高，但他们夫妇却进入了较高层的社交圈子。约翰和艾丽斯两个人偶尔也给在拉合尔发行范围最广的报纸投稿。1876 年，拉合尔总督委托约翰设计华丽的旗帜，供各独立王子们谒见女王时使用。因此，约翰的名字就被记录到帝国主义的殖民史里面去了。

艾丽斯用笔名发表了一些诗，赢得了拉合尔这位爱好华丽装饰和文学的总督的赞誉。加上约翰在设计旗帜上的突出表现，他们得到了一定数目的奖金和一枚银质奖章。

等吉卜林到拉合尔的时候，总督已经卸任，新来的总督并没有他的前任那么喜

吉卜林与父亲

爱艺术和艺术界人士，因此约翰和艾丽斯的地位有所下降。但吉卜林一家人还是为团聚而大感快慰，尤其是第二年翠丝也回到了印度，一家人更是快乐无比，因此艾丽斯戏称"一家四口终于合在一起了"。

一家四口快乐地在一起构成了一个稳固的情感基地，使得吉卜林可以展开他的工作。吉卜林得到了他父母的鼓励和称赞，翠丝也偶尔写一些文章。约翰似乎比任何人都了解当地的艺术，他对所遇到的任何方面的事物都有极大的好奇心。儿子的文章，艾丽斯可以说每篇都读，时时加以赞扬，并偶尔加以修改。

生活在父母无微不至的照顾下，吉卜林当然很快乐，而且在 18 岁的时候就有正式工作，并像父亲那样拥有一间办

公室和一个仆人，他还有什么不满意的呢？但是父母对他的管理也有些严格，约翰总是觉得会有一些不好的东西诱惑他的儿子，而吉卜林则感到一股窒息般的压迫。

根据吉卜林的部分著作，我们可以推断，艾丽斯希望她的儿子永远不要长大。在他的故事里，母亲都不停地要插手她们儿子的爱情，直到最后按自己的想法发展时，才觉得松一口气。事实上，艾丽斯经常注意着吉卜林，甚至不让他随着自己的本性自由地写文章。

《军民报》

吉卜林这一时期的写作有一种特殊的习惯：写到爱情时，总是喜欢用一种专栏作家的消遣和闲谈的语调；谈到性的时候，则以一个思想开通又热心的长辈的腔调来讨论。

他在《军民报》的工作还算顺利，不过有一件让他觉得沮丧的事情，关于他的上司——《军民报》的编辑惠勒。惠勒可能因为吉卜林是靠关系进入报社的，所以对他的能力有所怀疑。何况，他最初想要一位有经验的记者，这使得惠勒更不满意吉卜林了。他不鼓励年轻的吉卜林做与报纸无关的事情，他可以忍受这个孩子积累经验的过程，但不能忍受他超出报业从业者的范畴。

起初吉卜林对惠勒的态度颇为恼怒，但是在他的压力之下，吉卜林也很快适应了记者的工作，他似乎应该感激惠勒。为了表示这种感激，吉卜林牺牲了年轻人喜爱的一些东西。此后随着年龄的增长，吉卜林更加睿智，也更有自制力了，从年少轻狂到谦虚平和似乎是每个人必然要经历的一种过程。多年之后，吉卜林成为一位睿智长者的时候，他也像他的前辈一样更喜欢具有木讷品性的年轻人。

吉卜林这一时期的小说描写的多是过于自信的年轻人被教导的故事，他对《少年维特之烦恼》中的维特一样的年轻人抱有一种怜悯的心态。他的小说中有很多犀利、老到的语句，看起来好像是超过 30 岁的人写的。事实上，当吉卜林开始看着极为成熟，好像某方面的权威人士时，他还不到20 岁。

吉卜林很快学会了身为一个记者应该掌握的一切技能，但是他毕竟太年轻，有很多事情不能很好地处理，也没有足够强大的心灵承受社会上的批评。吉卜林在任期间，印度当局曾企图通过一项法案，规定印度法官有权审讯任何犯罪嫌疑人。这项法案刚一被提出就引起了驻印度英国军官的强烈抗议。有着民族优越感的人士当然认为白种人绝对不可以在任何场合中显得比棕色人种低下，甚至是平等也不行。他们发起了一项运动来威胁当局，并达到了他们的目的——这项法案胎死腹中。不过，就长远的影响来看，这件事使得西方化的、支持英国的、接受英国教育的中产阶级印度人站在了英国的对立面上，而且他们还认识到他们或许可以适当地配合暴动来推翻一个专制政府。

吉卜林身为一个普通的记者，自然不用为《军民报》的政治言论负责，但是他在单身俱乐部里却遭到了其他人的羞辱。《军民报》最初反对当局提出的法案，后来又开始支持其中的某些条款。俱乐部的某些会员就对吉卜林冷嘲热讽，虽然后来有人阻止了他们，但是伤害已经造成了。

吉卜林没有怨恨俱乐部的会员，他只怨自己受雇于人，以及这些雇用他的人的决策并不能被一般民众所接受。吉卜林开始不相信报社的老板，尤其不相信他是那种能够为新闻理想奉献终身的人。

吉卜林急于获得驻印度的英国人社会的认可和赞誉，欲速则不达，他又犯了一次更严重的错误。在 1883 年，吉卜林写了一篇含有讽刺意味的短评，对一位前辈的社会主义理想加以嘲笑和批判。吉卜林宣称这位前辈的理想是个"荒谬的想法"，他的诗也语意不明，条理不清。吉卜林以晚辈的身份，如此狂傲地批判前辈的作品和为人，这种行为我们不能加以赞扬，更何况这位前辈还与吉卜林家交好。不管怎么说，就算吉卜林不同意这位前辈的观点，他的年龄和成就也应该赢得尊敬才对。而吉卜林为了获得大众的赞誉，竟然不念旧情、不讲礼貌，这难免让后人对他有所诟病。

这是吉卜林留下来的一个瑕疵，足以使他的声誉受损，他去世之后很久，人们也没有忘记这件事。

吉卜林年轻的时候就已经认识到作家的人格极为重要，

是不可以出卖的，因此金钱和职位打动不了他的心，更无法使他写出他认为不对的东西。成熟后的吉卜林也一直谨慎地避免和任何政党或政府有正式的关系。但是年轻时候的他还不能够完全坚守自己的内心，不被外界环境所影响。他不愿出卖的东西，在年轻的时候已经出卖过了。为了获得比他年长的人的尊敬，他的行为变得和大多数文化太保一样。吉卜林那时候似乎没有看出驻印度的英国人已经是够张狂了，他为了跟他们打成一片，牺牲了他的人格。他把他们的爱恨当成他的爱恨，渐渐地，他也具有了他们的特征，毫无节制的突发奇想、极端不良的态度等。不过此后，他不曾再出卖过自己的人格。

1884 年，吉卜林第一次碰到了贿赂。当时一位王子去巡视他的领域，吉卜林跟着去报道他的行程。

英国人给王子放多少声礼炮，可以显示出这位王子的重要性。为了获得最高的荣誉，王子们一直相信在报纸上美言几句是极为重要的，于是这位王子给了这位年轻的记者一篮子水果、一条克什米尔披肩，还有一些钱。为了回敬贿赂他的人，吉卜林派印度扫地人把东西送了回去。按照当时的习俗，印度扫地人是社会最低阶层的人，他的手碰到什么东西，这东西就染上了不洁。吉卜林的这种做法无疑得罪了这位王子，甚至有人警告他，以后他到这位王子的领地去，会有被毒死的危险。

另一次被贿赂的经历发生在拉合尔。一位阿富汗人请吉卜林到他房间里去,温和地请他任意取走堆在房间里的钞票。吉卜林很生气,严词拒绝。这位阿富汗人以为吉卜林对金钱并不感兴趣,就拖出一个克什米尔女子来。吉卜林更觉受辱,发起火来。之后,阿富汗人又要送给吉卜林一匹骏马,吉卜林还是拒绝了。

吉卜林并没有把这些事情告诉他的父母,却告诉了他的艾迪丝姨妈。他把许多私事也告诉了她,艾迪丝知道很多关于高娜德的事,并担心她的外甥似乎有点热情过度。吉卜林仍然认为自己和高娜德是有海誓山盟的,所以1884年,高娜德的一封语气相当疏远的信寄到他手上的时候,他大受打击。吉卜林开始在他父母注意不到的范围内,追求一些比较轻浮的女子。

1884年,拉哈尔又换了一位总督。这位总督十分喜欢吉卜林一家人。他的女儿一直跟着约翰学画画,他的儿子似乎对翠丝很有好感。可是总督发现这种苗头之后将他的儿子调离了拉哈尔。这时候的翠丝已经长成美人了,但她对年轻男性很冷淡,所以有一个"冰山美人"的绰号。平易近人的总督常常邀请吉卜林一家到总督官舍参加小型的私人宴会。驻印度英国人的上流人士看到出身低微的吉卜林一家居然跻身于高级社交场合,可能会有些不痛快,但他们也没有办法。

北方之行

　　1885 年，吉卜林到印度北方去了几趟。这几次北方之行使他获得了许多有关山地部落的数据，对他以后的写作有一些帮助。总督举行了一次宴会，邀请了一些阿富汗当局的掌权者，希望能和阿富汗建立坚固的外交关系，吉卜林以一名记者的身份参加了这次宴会。在《丛林故事》一书中，吉卜林对自己的这一段经历有过影射性的描述。对他来说，其中最值得一提的事件，是他独自步行冒险进入一个山口时，一个部落土著从很陡的山坡上向他开了一枪，他向那人掷了一块石头，然后安全地退了回来。

　　5 月，吉卜林到北部山区去了一趟，他的这段冒险后来被写进小说《基姆》中。在这里，吉卜林的仆人和山区的印度苦力发生了争吵，吉卜林不得不多付些钱给这些苦力，以赔偿其中一人受到的伤害，后来他还费了许多口舌才说服这些苦力继续随他前进。吉卜林还亲身经历了一场惊心动魄的山中雷雨，这阵雨先是在他"脚下"下，然后慢慢上升到他所在的山脊上。

我们起初都面朝下趴在地上，等到我们能够再看
得见的时候，我们看到了一株很大的松杉被雷从中间
劈开，半株树向陡峻的山下滚去。雷声把一切的声音
都压了下去，因此听不到树滚下去的声音，就好像是
一出哑剧一样。

高耸的山峰还让吉卜林看到了另一个景象：一只老鹰在
他脚下一千尺的空中盘旋飞翔。

回到拉合尔后，吉卜林又继续原来的工作，非常辛苦，
四处奔波，精神压力很大，吉卜林又开始失眠。不过他一直
在安慰自己，因为身边的人都在超负荷地工作，他只是其中
一个而已。许多驻印度的英国年轻人因痢疾或伤寒而英年早
逝，吉卜林幸免于难，他还是很感激上苍的偏爱的。

吉卜林的社交生活比较正常。他加入了共济会——本来
他的年龄不够，但当地分会需要一位秘书。在共济会的赞助
下，吉卜林开始接触印度其他种族和信仰的公民，有回教徒、
印度教徒、犹太人等。

在吉卜林成长的同时，他的朋友们也一天天成熟起来。
邓斯特已经参军，并且获得了少尉军衔，他在报到途中经过
拉合尔，与吉卜林相聚了几天。他们两个都是 20 岁，但吉
卜林已经是老印度了，而邓斯特则是新人。吉卜林照顾着他，
告诉他一些自己在北部山区的见闻和冒险经历。邓斯特曾经

到过埃及，就讲些开罗的事给吉卜林听。

与士兵的交往

大概就在这个时候，吉卜林开始和士兵交往。士兵们不是大英雄，也不是维多利亚女王重视的国之栋梁，他们只是一群酗酒的凶汉。这充分显示了具有独立思想的吉卜林并没有完全为驻印英国人所同化，他能够和粗鲁而常常以武犯禁的士兵相处在一起，并和他们一样轻视规则。

吉卜林从这些士兵那里听到了许多秘密，他的一个士兵朋友因谋杀罪而被判刑，他到牢房里去探看，这个士兵告诉他许多其他人不知道的事情。吉卜林的好奇心得到了极大的满足。惠勒认为吉卜林对士兵们的事比军中牧师知道得还要多，他也注意到吉卜林对当地社会的了解，比他在印度所遇到的任何人都深入。关于吉卜林居然能够赢得某些欧亚混血者的信任，惠勒也大为惊奇。

惠勒不久之后被调到其他职位，接替他的是鲁宾森。鲁宾森比惠勒年轻，并且很早就认识吉卜林。他的到来使吉卜林的事业得到了更快更好的发展。报社老板对鲁宾森的指示是要把报纸内容轻松化，而鲁宾森在尽力做到这一点的同时，就给了吉卜林自由发挥文学想象力的空间和机会。

原来沉闷的、地方性的《军民报》开始刊登一些短篇故

事，之后，报社收到很多人的投稿，虽然文章的水平参差不齐，但这在一定程度上使驻印度的英国人之间的文学风气日渐浓厚。

吉卜林时常按照读者的习惯和口味修改他的文章的风格，他甚至放弃了之前在学校里面精通的严肃文体和风格，改为一种

青年时期的吉卜林

轻松的叙述形式。吉卜林的诗歌用词讲究，简直就是赞美诗，这很可能因为驻印英国人认为赞美诗形式的诗才是真正的诗。此后一生，吉卜林的诗歌都保持着这样的风格。

在印度，吉卜林的文章为《军民报》的读者所喜爱。有些文章还具有时事性和趣味性。例如《我的敌人》，整篇文章表达了一个年轻女孩子的不平，因为许多年轻人都迷上了一位中年妇人，而这位年轻的女孩子却没有办法使他们注意到她。艾丽斯一定很喜欢这个故事，翠丝也一定觉得很有趣，因为这个故事的两个主人公一个 49 岁，一个 17 岁，正是艾丽斯和翠丝当时的年纪。

没有一个驻印度的英国作家曾经写出能够被大家常常使用的句子，但是吉卜林写的有关把高级职位留给大学毕业生和退役军官的文章，却有很多句子被大家在日常生活中所引

用。此后，他还有许多句子被大家用于日常谈话中。

登载在《军民报》上的《机关的诗歌》极为成功，有人评价它具有一种冷淡、讽刺的超然态度，比任何英雄体诗歌都更能表现出驻印度英国人的骄傲与不满。吉卜林大受鼓舞，转而出了一本专集，里面充满了使人愉悦的句子，生活气息浓厚。这本专集的封面仿照民政处的公文封面形式，里面还有一封吉卜林给读者的正式公文。在吉卜林离开印度之前，这本专集已经印了四版，每次都增加一些在报上登载过的新文章。这些文章越来越受到广泛的注意，其中一些戏谑的言辞最后惹怒了总督大人，还好总督还没有作出反应的时候，吉卜林已经离开了印度，否则后果堪忧。

关于小说的尝试

从长远来看，吉卜林认为最重要的还是他的短篇小说。在鲁宾森接任编辑之前，吉卜林就已经写好了一两篇。他用梦幻般的句子描写了拉合尔夜间和白天的景象，用同情却并不感情用事的语气记录了一间鸦片烟馆发生的事情，也有模仿爱伦坡式的神秘和想象写成的故事。这些作品都刊登在1885年圣诞节吉卜林一家共同创作的《四重奏》一书中。

吉卜林一家人开了一次家庭会议，商量为吉卜林的这些故事起一个概括性的名称——《来自山上的简单故事》。这期间，翠丝也为《军民报》写了一两篇较为平实的故事，当然，后来并没有收在吉卜林的专集里面。

驻印度的英国女士所感兴趣的事情在吉卜林的小说中都有所体现，比如浪漫刺激的爱情、濒临破灭的婚姻等。

在这些早期的小说中，吉卜林并没有体现出他的种族偏见。事实上，当时如果和一位不同种族阶级的女人结合，一定会永远破坏一位官员或军人的前途。吉卜林明白自己没有理由指责那些权威人士的种族偏见，不过，他对这些情人却有着相当程度的同情，因为他们受着两方面种族的敌视。他对于那些能够帮助这些情人克服种族障碍的人，也有着无限的尊敬。

在一篇小说里，吉卜林还对英国人的种族偏见作了最刻薄的攻击。他笔下的一位白人医生在送走一个奄奄一息的黑人小孩后居然说："这些小鬼，他们一点忍耐力都没有。"从这些负面形象的描写中我们可以看出，吉卜林多么厌恶持有种族偏见的白种人。那个时代的吉卜林，从整体来讲，似乎在为英国的殖民主义感到抱歉。

不久后，吉卜林奉调到加尔各答的记者站任职。在那里，他看到了很多接受过欧洲现代化教育的当地人，并留心观察他们。观察的结果是他对印度的同情依然停留在有限的程度，并没有增加。

吉卜林对加尔各答的卫生条件极为不满，不过更让他不满的是印度政客谈论独立的言论，他认为印度永远不能自治。自治只是一部分"印度绅士"的希望，他们不能代表所有印度人。

令人惊讶的是吉卜林竟然没有到过印度中部地区。虽然他的《丛林故事》一书使得他的同胞都知道英国海外属地有这么一个地方，但他却只是从他朋友的照相簿中认识了这个地区。

19世纪80年代的后五年间，吉卜林在报纸上发表了越来越多的文章，这使得他轰动一时，等他再次回到伦敦的时候，人们早已知道他在印度建立起来的名气了。

把吉卜林的文章更进一步传播的是印度铁路图书馆。这个图书馆把吉卜林的文章按照主题加以挑选，印成专集，从中我们可以看出吉卜林感兴趣的主题有哪些。

《喜马拉雅山之下》收集了爱情和风流韵事，也是人们普遍意义上认为的"法国风味"的文章。事实上，吉卜林的这些故事在法国也确实很受欢迎。同样在法国受到欢迎的是《盖茨比一家的故事》。这篇小说由一长串的对话组成，讲述了一位军官的婚姻和他的前途发生了冲突，最后他退出军队，选择了爱情。对于这位军官的这种选择是不是值得的问题，吉卜林并没有作明白的阐述。

《幽灵人力车》一书则包含了四个恐怖和冒险的故事。英属印度是一个迷信社会，这里对世界文明许多宝贵的贡献之一就是通灵学。虽然约翰曾指责一位通灵学专家是他曾见过的"最有意思和最无耻的骗子之一",但吉卜林却对通灵学有极其浓厚的兴趣。虽然通灵学的敲桌子声和转动茶杯的行为使吉卜林在小说中痛骂,但他对于鬼魂和心灵研究却表现出一种近乎未接受过教育的人的那种"开明态度",而且他很可能曾涉足过通灵学举行仪式的场合。不论怎么说,吉卜林一直喜欢写些有神秘鬼怪出现的小说,但对于这些现象是确有其事还是只是幻觉,却没有下过确切的评语。吉卜林的这种方式在现在来说可能是幻想小说作家的标准手法,但在 19 世纪 80 年代,这还是比较前卫的。

使吉卜林名噪一时的是一个有关军人的故事——《三个士兵》。这个故事讲述了马文、奥托立和列罗这三个士兵的一些功绩,不过人们认为这三个人是吉卜林凭想象创造出来的:"他们一个是爱尔兰人,一个是英格兰人,而另一个是苏格兰人……"

在这个故事中,吉卜林认真尝试不用正统英语,而用爱尔兰、伦敦和约克郡的土音和造句法来写对话,但是他没有成功。列罗说的根本不像约克郡的话,马文说的话也没有爱尔兰话的味道,奥托立说的话也不是地道伦敦腔。但吉卜林的这种尝试却开创了在文学中使用土语、方言、俗话,以表现文中人物个性的形式。

这个关于士兵的故事引起了驻印度英军总司令的注意。总司令邀请吉卜林和他一同视察军队,并要吉卜林向他说明军营中一般士兵的想法,那真可以说是吉卜林风光无限的时刻。

总督和总司令都是仰慕他的读者，吉卜林在印度还有什么可求的呢？他在新闻工作圈里已经做了七年的记者，也学会了怎样用他的笔赚钱，而且刚满 23 岁，就已经是印度最好的英文作家了。这时候，鲁宾森劝他回伦敦去，以便徜徉在更深广的文学海洋中。

旅行与暂居伦敦

1889 年春天，吉卜林从加尔各答出海，返回英国。与他同行的是希尔教授夫妇。

吉卜林喜欢在他的书上题词，但往往语意不明，以致经常有人以为那句题词指的是自己。比如在《来自山上的简单故事》一书上，题词写的是"献给在印度的最聪慧的女士"，艾丽斯以为这是对她的尊敬。希尔太太也拿到了吉卜林亲笔签名的这本书，她自然以为书上的题词是给她的。

希尔太太是美国人，漂亮而且活泼，她是吉卜林在印度最后几年最注意的女人，而她也影响了吉卜林离开印度的时间。

1888 年 10 月，希尔太太因脑膜炎几乎病死。在度过危机之后，她决定回美国，不在印度休养。吉卜林立刻决定跟她一同走，虽然从印度到英国取道美国会增加不止一倍的距离，虽然春天离开就不能够参加翠丝的婚礼。

吉卜林的第一站是仰光，关于缅甸这个国家，吉卜林曾写过一两篇散文，但是他并没有到过这里。现在，他将要完成绕行大半个地球的航行，仰光、新加坡、横滨、长崎……当他想到这些地方的时候，他就觉得自己做的是一件无比崇高而伟大的事，比那些狭隘的英国人不知道聪明多少倍。

作为一个世界旅行家，吉卜林可以认识那些对他来说极为陌生的城市。但他的表现却不像一个成熟的世界旅行家，因为他一到美国，就在加州的报纸上随意批评这个共和国的语言和习惯。美国报界像吉卜林一样是具有攻击性而傲慢的，当然也乐意给予吉卜林反击，而且许多年后，他们还记得吉卜林曾经对这个国家做过的狂妄的、肤浅的评论。

吉卜林寄回印度报社的稿件也都是经过研究删改后才刊出的，以迎合英国人褊狭的观念。他抱怨美国式的民主、美国人的态度修养等。在吉卜林之前，已经有一些著名的对美国持敌视态度的英国人，而这时候，知道吉卜林的美国人，认为他比之前的所有人都要恶劣。

忽略这些不谈，吉卜林在美国的旅行生活还是过得很愉快的。他到西北部去钓鱼，注意到当地人模仿英国人穿着双排扣的服装；他去看尼亚加拉大瀑布，认为这处自然景观盛名之下其实难副；他去了波士顿，那里美国独立战争的遗迹给了他很深刻的印象。最后，他到了宾夕法尼亚州，住在希尔太太家里。

希尔太太的父亲是一所规模不大的大学的校长。有一段时间，吉卜林似乎认为自己已经爱上了希尔太太的妹妹加罗琳，当希尔太太决定带着她妹妹取道欧洲返回印度时，吉卜林当然很高兴有加罗琳同船而行。

1889 年 10 月，吉卜林在利物浦上岸。此后他再也没有到过印度。吉卜林到朴次茅斯看望了外祖父母，又在巴黎度过了一个很短的假期，最后选择暂时居住在伦敦。这里充满文学气息，适合他未来的发展。

吉卜林并没有多富裕，所以在伦敦安定下来之后就没有多少钱了。他自尊心很强，不愿意向他的姨妈或表姐妹们借钱。在他寻找愿意为他出书的出版商和编辑的时候，他可能曾被迫依靠典当生活，他那时只能吃很便宜的东西，抽廉价的烟草。

吉卜林住的地方位于伦敦的中心地区，离泰晤士河也很近。这里的氛围是吉卜林喜爱的那种。吉卜林很快融入其中，与当地的酒吧女侍、警察，以及音乐厅里的艺术家成了朋友。

音乐厅就在吉卜林住所的对面，他从楼梯处透过气窗就可以看到音乐厅里面的情形。吉卜林发现花一点钱到里面度过一个晚上是一件乐事，那些酒吧女侍和音乐爱好者们可以为他提供很多小说写作的素材，而且背景音乐时常是很轻快的那种，他可以配合着音乐的节奏写出一些有趣的文章。

1890 年，吉卜林在作品《消失的光芒》中，留下了较多他在伦敦的单身生活的痕迹。

这篇自传式的作品产生的契机是吉卜林与他的初恋情人高娜德在伦敦街头的偶遇。

失败的爱情

这时候，这位年轻人把他所有的注意力都放回到他初恋情人的身上。他们自 1884 年以后的关系暧昧纠结，很难弄明白，时至今日想要查明更是不易。高娜德似乎寄了一些本子给吉卜林做礼物。但是，吉卜林好像并没有回寄给她任何东西。她也没有得到一本吉卜林的书，直到他们在伦敦再度相逢的时候，吉卜林才送给她一本《机关的诗歌》。

高娜德对吉卜林的兴趣远不如对她自己的艺术才华来得高，她并不打算跟这位仰慕者结婚，但是她羡慕他在写作上的成功。高娜德来往于伦敦和巴黎之间，她在巴黎与一位女朋友共享一间画室。她的行动显示出她并不重视吉卜林对她的热情。

吉卜林为此痛苦了好几个月，然后把他的遭遇和感觉写成《消失的光芒》。在这篇自传性的故事中，吉卜林把男主角写成一位画家，使读者很难联想到这与他自己的故事有关。男主角的性格和吉卜林本人完全不同，但他的多愁善感、自尊、尖刻和自夸，可能就是吉卜林性格中不成熟的一面。起初这个故事的结局是有情人终成眷属，但高娜德不为所动，于是他就改成了自怜自艾的悲剧结局。

这段失败的爱情对吉卜林的影响很大，自此以后，他一生都认为爱情与美好的结局是不可能联系在一起的。他的大多数爱情故事中，男女主角都因阶级障碍或其他因素以悲剧结局祭奠他们的爱情。不过，吉卜林的爱情故事里，似乎多数是由女人来承受爱情的痛苦，他乐于把女主角描绘得极为痴情，但是却惨遭遗弃，同时又愿意为遗弃她的那个男人承担一切苦痛，甚至是死亡。

情场失意的吉卜林在事业上也遇到了挫折。伦敦的出版公司拒绝出版他的小说，他们还在信中自满地加上这样一句话："年轻人，本公司是专门出版文学作品的。"而美国方面的出版公司就更过分了，当时美国没有加入国际版权协会，所以一些不太自重的出版公司就利用这个机会，大肆出版吉卜林的著作，既没有得到吉卜林的同意，也不准备付出版税。盗版书的流行虽然没有给吉卜林带来一丁点收益，但却增加了他的名望。

吉卜林以前的上司惠勒先生此时正在为伦敦一家报纸撰稿，他将吉卜林介绍给了这家报社的编辑。这位编辑之前已经读过吉卜林的《三个士兵》，一直很仰慕作者的才华，现在自然很高兴能够见到吉卜林。他马上在报纸上为吉卜林开辟了一个专栏。

吉卜林以前的另一位同事莫瑞斯此时也在伦敦取得了成

功，他在一家杂志社任主编。他接受了吉卜林的两篇诗稿，这是吉卜林在伦敦首次刊登在公开发行物上的作品。

后来，莫瑞斯又为吉卜林出版了他在伦敦的第一本新书，并就英国读者的情形向他提出了一些建议。莫瑞斯说英国的读者只能忍受这本书中出现 30 句戏谑的句子，吉卜林遵照他的意思删改了一些句子。英国人一向过于拘谨，莫瑞斯的建议还是比较中肯而切合实际的。

吉卜林的许多短篇故事被登载在杂志上，他在伦敦的低谷期终于过去了。读者们记起了印度铁路图书馆刊行的文集中的一些故事；一位伦敦出版商也记起了《来自山上的简单故事》在库房里已经堆了一年，等待着分销到英国各地。

声名鹊起

沙维尔俱乐部

　　1889 年，吉卜林已经是一位声誉日隆的年轻作家，在伦敦得到了真正的尊重。在这种情形之下，几乎是不可避免的，他应该被引入沙维尔俱乐部。这是一个非正式的俱乐部，成员是各式各样的极为活跃的作家和出版商。在沙维尔俱乐部，吉卜林遇见了三位年轻作家，他们都不是当时文坛的"重量级人物"，曾力主吉卜林加入他们的阵营。吉卜林很喜欢这三位朋友，终其一生都和他们维持着亲密的友谊，但是吉卜林一直避免加入任何文学派别。这与他早年的决定有关，同时也是一位沙维尔俱乐部老资格政治家的劝告。

　　　　他劝告我"不要参加派别斗争"。他说如果我"参加了一派"，我就必须远离其他派别，而最后就会像女子学校里的情形一样，当她们擦肩而过时，她们会"伸伸舌头，互相表示轻视"。

　　吉卜林遵从了这个建议，而且极为认真，这使得他此后

一直没有加入任何派别。但是吉卜林对于当代的人和事还是
有他自己的态度和喜恶的，比如对沙维尔俱乐部的会员、艺
术评论家、济慈传记作者、王尔德的朋友柯尔文。吉卜林很
厌恶他，他说：

> 这是一个极端自命不凡的人，具有19世纪典型
> 的神经过度狂热的毛病……他叙述他的观点，使我非
> 常厌烦。真是一个具有像火柴棒一样的手指头和干燥
> 不健康皮肤的怪物。

当然，吉卜林并没有在公开场合表露出他的这种感觉。
柯尔文后来还和很多当世名家联名支持吉卜林加入沙维尔俱
乐部。

与柯尔文联名的人几乎包括了19世纪80年代欧美文坛
的重要人物：英国小说家、诗人、剧作家托马斯·哈代，美
国作家亨利·詹姆士、贾斯汀·麦卡锡等。

这时候，约翰和艾丽斯正在英国度假。由于翠丝结婚了，
一家四口少了一个人，约翰和艾丽斯觉得有点不适应，幸亏
吉卜林还在。父母依然是吉卜林最喜欢的听众，他还和父亲
合作写了一篇政治性文章，刊登在一本杂志上。评论者们一
直认为这篇政治性文章措辞上有可取之处，但是政治观点就
显得比较幼稚和肤浅。这篇文章之后没有再被刊行。

在意大利的疗养

成功的兴奋和独居的辛苦混合在一起，如冰火两极一般撕扯着吉卜林。他的健康状况出现了危机。翠丝和她的丈夫回英国探亲时，看到她哥哥闷闷不乐的精神状态和衰弱的身体状况，不禁忧心忡忡。后来，她才知道，吉卜林还在为高娜德而伤心。希尔教授突然逝世，但是希尔太太和吉卜林仍然没有结合的可能。一场比较严重的感冒让身心俱疲的吉卜林几乎陷入崩溃。

吉卜林决定到意大利作一次短期的旅行，调节心情，同时也希望借助南方温暖的气候恢复健康。

这次旅行的确有助于他的康复，但是也发生了一些不愉快的事情。一家美国出版公司把吉卜林发表在杂志上的文章盗印成专集出售，吉卜林提出抗议后，这家公司表示愿意与吉卜林商谈再版之后他作为作者的一切权利。吉卜林本来就容易发脾气，这时不禁火冒三丈。这家出版公司曾经拒绝出版吉卜林的作品，现在居然不动声色地盗印，而且拒绝为他们的错误行为付出代价，这当然使得骄傲的吉卜林大为不快。

吉卜林马上写信给美国反盗印社会团体，但却没有得到满意的答复。这个社会团体的工作人员声称，吉卜林是著名作家，出版公司既然已经答应保留再版时他的一切权利，他就应该宽宏大量地既往不咎。吉卜林不能接受这样的说辞，他写了一篇文章批判这个社会团体，并且指示他的代理人密切关注事情的后续发展。

1891 年，吉卜林出版了另一本著作——《生命的阻力》。这是他以前刊登在《军民报》上的文章的合集，当然，其中还有一些从未发表过的文章。作为一个作家的吉卜林已经相当成功了，他的财富、名望和地位都如日中天。

吉卜林对于当时整个社会普遍存在的盗印问题可谓深恶痛绝，他开始考虑怎样能防止盗印。在这个过程中，他认识了一位志同道合的、年轻的美国出版商包乐思。

朋友与妻子

包乐思大概在 1888 年离开美国，到伦敦开创事业。他的主要工作是代表出版公司和英国作者接洽，希望以便宜的价格买下他们畅销书的版权，以便在美国翻印。包乐思计划一旦与英国最好的作者结交之后，就自己成立一家出版公司。当时美国的出版商拒绝接受国际版权协议，这使得英美两国之间的版权纠纷日益严重，包乐思有意解决这场纠纷。当然这对于他也颇有益处。

包乐思在威斯敏斯特大教堂附近设了一间办公室，开始展开公司委托的业务，而且进行得非常成功。他结交了不少英国畅销书作家，他为公司获得了他们的授权。他也听到文学界在谈论吉卜林即将回到伦敦的消息。

包乐思拜托一位朋友从中介绍，他与吉卜林相识了。这两位积极而精力充沛的年轻文人，从一见面就深深被对方所吸引。

一天晚上七八点钟的时候，包乐思去拜访吉卜林，吉卜林却有事外出了。包乐思一直等到午夜，吉卜林回来后，深受感动。他立刻提议两个人合写一部小说。很明显，包乐思很快赢得了吉卜林的好感。

与吉卜林合写一部小说，对包乐思来说是件值得骄傲的事。包乐思对他新交的这位朋友的态度，当然不是纯粹为了谋求利益。

包乐思办事能力出众，而且与吉卜林有着共同的兴趣，所以两个人对彼此的印象越来越好，交往也就越来越深入。包乐思也关心国际版权的事情，他同情饱受版权被盗痛苦的英国作家，他的态度对吉卜林而言无疑是一种安慰。并且，包乐思以前做过记者，和美国新闻界很熟，而此时的吉卜林正想借助美国新闻界的力量处理版权被盗事宜。

吉卜林把《消失的光芒》的美国发行权交给包乐思。包乐思决定这部小说在杂志上连载的同时就推出少量的单行本，这样能够防止一些公司在连载结束后抢先盗印合集。这个方法起到了一定作用，吉卜林很满意。

吉卜林的新作品讲述的是一个关于珠宝的、横跨东西方的故事，一位美国工程师从美国西部追踪一批著名的珠宝，一直追踪到这批珠宝的原产地印度。包乐思写美国部分，吉卜林写印度部分，在实际写作过程中，他们的合作还仅限于此。包乐思坐在打字机前，吉卜林在房间里走来走去，互相提出建议和句子。故事的布局和人物，可能是受吉卜林的影响较多，而在具体的操作方面，包乐思做得比较多。

这时候，包乐思已经很有钱了，他在海滨有一幢别墅，在伦敦也有一间办公室和一间寓所，因此在工作的同时，他把母亲、两个妹妹和一个弟弟从美国接到伦敦来，好让他们更好地享受生活以及他的成功。

包乐思的祖父母家世显赫，拥有很大的家族产业。他的祖父已经逝世，整个家族由祖母当权。包乐思上大学时就很优秀，在美国西部从事记者工作时也很成功，当他在伦敦日渐发达的时候，更赢得了家乡上流人士的崇敬。他的妹妹——有智慧而做事严谨的加洛琳和美丽而气质高贵的约瑟芬对他也极度尊敬，无不以他的成就为荣。

不过，包乐思的祖母似乎并不太重视他的成就，她比较喜欢乖巧听话的小孙子比提。比提在祖母面前的确是可爱懂事的孩子，可是在外人眼里，他却是一个不折不扣的纨绔子弟，整个城市的人都要看他的脸色吃饭，他酗酒，会凶恶地骂人。他做事讲求速度，有人妨碍了他，他就践踏过去。他花起钱来大手大脚，丝毫不懂得节俭。

到伦敦后，比提痛快地享受伦敦多彩多姿的生活，他那严肃的哥哥没有办法，只能尽快把他送回祖母身边。

加洛琳和约瑟芬就不同了，她们知礼懂事，深受包乐思的喜爱。加洛琳经常动手打扫哥哥在海滨的别墅和在威斯敏斯特大教堂附近的办公室。就在她忙着整理办公室，两手抱着一堆书的时候，她第一次遇见了吉卜林。

此时的吉卜林对加洛琳很有好感，但他已经无法忍受伦敦的冬天。1890年的过度工作透支了他的身体机能，他的健康状况不容乐观。于是，他的家人和医生都劝他到国外走走。

在离开伦敦之前，吉卜林将回伦敦度假的自己的父母介绍给了包乐思一家人认识。艾丽斯立刻看出比吉卜林大三岁、意志非常坚定的加洛琳，是将她的儿子带离她身边的严重威胁，她开始想方设法阻止这件事。

1891年初，吉卜林和他的舅舅麦唐纳一同出发前往美国。艾丽斯的长兄亨利在美国，两个人原本打算要去看亨利，但当他们在海上时，却得到了亨利的死讯。吉卜林立刻返回英国安慰自己的母亲。夏末秋初，吉卜林登上了去南非的轮船。

邮船诗人

这次航行开启了吉卜林文学的另一面,他成了"邮船诗人"。吉卜林显然比他那一代的其他英国人更爱旅行,后来他也常常带着孩子到南非等地,连船上的侍者都认识吉卜林了。

吉卜林视蒸汽机为一切现代化的中心力量。他尊敬船上的轮机人员,认为他们是操纵他们自己、引擎和货船或邮船绕行世界的人。吉卜林认为与外界接触是一件很有意义的事,但他不是一位拓荒的冒险家。他很少去蛮荒穷困的地方。他遨游四海时,虽然外头风吹日晒雨淋,但他都是坐在头等舱里,盖着很舒服的毛毯。吉卜林的生活状态很大程度上反映了当时一般英国人的情形——舒适的中产阶级生活,旅游很方便,而且不需要冒险。

吉卜林在南非开普敦逗留到9月。那时候,开普敦还是一个宁静的小镇,没有现代城市的喧扰匆忙,也没有任何战争即将到来的迹象。南非小说家舒瑞娜成了吉卜林的朋友和仰慕者。

吉卜林在这里首次遇见了海军士兵,他很惊讶驻扎在这里的海军上将的生活竟如此舒适优越——活的海龟系在他私人码头的一端，随时可以提来煮汤。低级海军军官喜欢喧闹，他们很会恶作剧，几乎闹翻了天，其中一个人曾经将一艘小炮艇开到了葡属东非。吉卜林后来在一部作品中夸张地描绘了这件事。

结束南非之行后，吉卜林前往新西兰。据说当时新西兰附近的海域有一头鲨鱼，经过特殊的训练，专门给船只护航。吉卜林的船进入惠灵顿时，这头著名的鲨鱼就曾一直护送他进入港口。

在一个月光皎洁的晚上，吉卜林带了十位美女，坐上一艘大型独木舟，到港湾里举行月光野餐。接着，他离开新西兰前往澳大利亚，和一位将军同船，将军晕船晕得厉害。

在墨尔本，吉卜林和当地记者来往密切，他们邀请他为当地一家报纸报道一场赛马比赛，吉卜林以前在印度常常报道这种比赛，可谓驾轻就熟。吉卜林的作品《来自山上的简单故事》有违澳大利亚的行为准则，当地图书馆拒绝收藏这本书，吉卜林和他的记者朋友们将此事引为笑谈。

在澳大利亚期间，吉卜林还参观了工党控制的国会，这加强了他对保守派的支持。当时澳大利亚国会正在讨论是否购买英国救生艇，结果这项议案被多数票否决，改由澳大利亚当地工人制造。吉卜林认为这是自私的，妨碍了整个大英帝国的经济发展。自此以后，吉卜林对工人阶级的印象越来越不好，他逐渐接受了保守派的看法，反对工人运动。

三个月后，吉卜林前往斯里兰卡（当时称锡兰）和印度。吉卜林又碰到了那位晕船的将军，他到斯里兰卡的首都科伦坡。他们两个人相处得很不错。

从斯里兰卡，吉卜林登上了印度的土地。他在圣诞节前赶到拉合尔跟父母团聚，但还没有安定下来，加洛琳来了一封电报，告诉吉卜林一个惊人的消息——包乐思死了。

结婚

包乐思原是到德国的德累斯顿去，想与人合伙成立一家公司，然后再创办一个综合图书馆。但是却得了伤寒症，当他的母亲和妹妹赶到德国时，包乐思已经病危，加洛琳于是立刻接管了经营公司的责任。

八天后，包乐思病逝。加洛琳马上发电报给吉卜林。她几乎处理了所有的事情，并准备葬礼一办完，就立刻送她伤心的母亲和妹妹回美国。比提提议到英国来处理一切事情，但加洛琳坚决地拒绝了。她把海滨的别墅卖掉，又把包乐思的资产转售给包乐思的合伙人。一切处理完毕后，加洛琳在伦敦住下等吉卜林回来。

她并没有等太久，接到电报后的第十四天，吉卜林回到了伦敦，这在当时来说，已经非常迅速了。此后，他再也没有去过印度。

吉卜林并没有浪费时间回顾过去，他立刻把目光投向未来。他申请到一项特别许可证，在他到伦敦后的第八天，就举行了一个简单的仪式和加洛琳完婚。观礼的人不多，仪式准备得也不是很充分，甚至新娘的衣服都稍显简陋。

吉卜林走出了他人生中最重要的一步，他娶了一个坚强的女人。约翰曾幽默地说："加洛琳是一个被宠坏的好男人。"吉卜林和加洛琳如此迅速地结婚，很可能是遵循大家都知道的包乐思的愿望。

婚后，加洛琳似乎接替了她哥哥要光大吉卜林事业的责任，而且以支持她哥哥的同样耐心来支持吉卜林。有了这样能干、有决心的妻子，吉卜林此后获得了不少满足感。

包乐思的母亲和妹妹约瑟芬很快从悲痛的情绪中走了出来，一对新人也终于能够安心去地度蜜月了。报社愿意付稿费给吉卜林，希望他报道他对所去过的国家的一般印象。吉卜林很高兴地接受了这项工作，可以将他的经历与读者分享，还能得到稿费，以支付他旅行的费用，这实在是两全其美的事情。

吉卜林夫妇的第一站是美国。在佛蒙特州拉兰特市还有些亲戚需要吉卜林去拜访。因此，这对年轻人先搭邮船到纽约，转乘火车到佛蒙特州，然后再乘比提的雪橇到拉兰特市。"零下三十度。"吉卜林向读者报道。在这次私人旅行中，这些读者一直追随着吉卜林的脚步。

　　零下三十度究竟是什么滋味，当你在午夜融入这种温度时你就会知道。头一件令你吃惊的事是那清爽而宁静的空气，让你觉得像置身于海水中一样无法呼吸。坐在羊毛堆里胖得像海象一样的是我们的指路人，他正驾着他的雪橇。他用羊毛大衣把我们包起来，还为我们戴上可以盖住耳朵的帽子，又为我们盖上野牛皮袍和毯子。

　　"胖得像海象的人"就是比提。他的太太年轻漂亮，刚生了一个女儿。比提很欢迎他的姐姐和姐夫，而吉卜林和加洛琳则非常喜爱比提的农庄，也没有吝啬对外甥女的赞美。

　　这个农庄对面有一座山，据说是美国一位著名的诗人最喜爱的山。吉卜林小时候曾读过这位诗人写的关于这座山的诗歌，不过他那时候并不能理解诗人所要表达的意思。如今，亲眼看见这座山之后，吉卜林对诗人的情感有了进一步的理解。他渴望拥有一块土地，或者一栋房子，能够时时观看这座山。

　　比提很慷慨，答应在农庄里划出一块地方送给吉卜林。不过，加洛琳认为这样可能会把比提牵扯不清楚的事务揽到自己身上，因此她建议吉卜林把整个农庄买下来，但仍由比提经营，另付给比提固定的薪水。经过与律师的讨论，最后比提同意把农庄卖给吉卜林夫妇，只收少量的钱，但保留永久经营吉卜林不建房屋的部分土地的权利。这是一个相对两全其美的安排，不过当合约签好时，吉卜林还没有决定要在哪里建造房子。

见过了包乐思家在拉兰特的所有亲戚后，吉卜林夫妇又继续他们的蜜月旅行。他们到美国和加拿大的一些地方略作停留，然后乘船前往日本，并计划一路向南，航过中太平洋，到萨摩亚群岛。但结果吉卜林夫妇只到了横滨，在那里他们碰到了一些困难。

横滨之难

吉卜林夫妇到达横滨时正值 1892 年 6 月，横滨发生了一次轻微的地震。事后，吉卜林认为这是给他的一个预警。地震的第二天他到银行提取现金，经理认为他在旅行中，应该多提一些钱，但吉卜林认为 10 英镑足够了。下午，吉卜林觉得经理说得有道理，于是他想再提取一点现金，但是这时，吉卜林存款的那家银行因为经济危机暂停提款。吉卜林在很短的时间内，从一位相当富有的年轻作家，变成一个只有 10 英镑和一张船票的穷光蛋。"如果银行破产了，我以前工作所赚的钱都泡汤了，那么一切就要从头开始，"吉卜林在报道中写道，"但是还有一些人比我更不幸，他们比我年老，比我更疲惫。所有人都为这种情形而痛心。"

吉卜林还进一步报道了在横滨海外俱乐部听到银行关门

消息的情形，好让读者有进一步的了解。

　　根据一家没有倒闭的银行经理的看法，这种事情的发生是经济危机下的正常现象。这种冠冕堂皇的解释对于那些蒙受经济损失的人来说真是毫无用处。

　　这时，俱乐部进来一位瘦削的美国人，他把一身是水的雨衣向后一翻，脸色很平静。

　　"伙计，来一杯威士忌加苏打！"他说。

　　"你损失了多少钱？"一位德国人直截了当地问。

　　"850 美元！"这位华盛顿的后代亲切地回答，"不要以为这样我就不喝酒了。我的酒呢，老板？"

　　……美国人如果有什么可爱的地方，那就是他们能够承受住某种打击。

　　谈话之中最奇特的地方是没有人指责银行。这些人本身从事东方的贸易，他们知道得很清楚，这家银行横滨的经理和职工一定失去了工作，他们都为这些职员而难过。

　　吉卜林并没有让读者知道他也是受害者之一，也没有让读者知道他召集了一次债权人会议。在会议中，吉卜林提议债权人接受延期偿付的股份，以便银行的财务状况能够恢复过来。吉卜林当时并不知道，由于他这种谅解的态度和宽怀的政策，数年之后他不但取回了他的全部存款，而且还得到了为数不少的利息。

轮船公司也不错，把从横滨到萨摩亚群岛之间的船票未使用部分的款项退还给了吉卜林。吉卜林夫妇回到了拉兰特，虽然一夜之间成了穷人，但他们并没有想要依靠他人，而且也没有害怕。

有女万事足

在拉兰特，包乐思家是十分显赫的，因此加洛琳的年轻丈夫并不符合他们的期望。吉卜林夫妇住进一幢小房子，他们称之为"幸福小屋"。这一年的 12 月底，吉卜林的长女诞生了。他们给这个小女孩起名为约瑟芬，这使得加洛琳的妹妹感到很荣幸。吉卜林有了女儿之后，非常快乐，真可以说是"有女万事足"了。

吉卜林认为孩子是爱情的结晶，只有有了孩子，人生才算是完满的。吉卜林在当时的报纸上看到一篇故事，其中的这种观点与他不谋而合。《许多虚构的故事》是吉卜林的一部短篇小说集，收录的是他在伦敦的单身时代，以及在佛蒙特州定居的初期所写的故事。整体来说，这部小说集是他所有作品集中水平最高、最令人满意的。吉卜林以前文章中的那种自以为无所不知的态度，在这些故事中已经有所收敛。

这部小说集中的许多故事都是有关印度的。《失落的军团》并不是什么恐怖故事,其中的主角是一群有个性的士兵。《世上最好的故事》借由灵魂转生探讨了超自然力的存在,表现出吉卜林早期在伦敦时的孤寂心情。

其中还有关于莫格利的故事。据吉卜林所说,这个故事脱胎于一篇并不太杰出的文章,再加上约翰在印度听到的狼养育婴儿的故事而写成。这并不是吉卜林写的第一个有关莫格利的故事,早在《许多虚构的故事》出版之前,《莫格利的兄弟》已经完成,不过这篇文章一直没有发表。《在鲁克》描写了一个半人半兽在接触到现代文明后怎样调整自己,并找到了一个森林看守员的工作的故事。

《干扰交通》是一个有关精神崩溃的故事。它描述了一个灯塔看守人,被经过的船只激起来的水浪所困扰,因而企图干扰船只经过的故事。这个故事令人很有感触,其中充满了游旅商人的传说味道,读者几乎看不出来它是作者对一个寂寞之苦的人不动感情的叙述。

书中最能表达吉卜林观念的是《星座儿童》。这个像谜一样的神话极为重要,因为这几乎是吉卜林明确表现具体人生价值的唯一故事。"儿童"是半神半人,代表生活习惯良好的人类不可或缺的品质。"金牛座"代表工作,"处女座"代表爱情,"双子座"代表童年,中心人物里奥是一位艺术家。

所有的半神半人在接触人类之前都很快乐。当他们从"死亡之屋"获知他们并不是长生不死以后,他们就有了烦恼。然后,一个接着一个,他们发现他们只有为人类服务以及取悦人类，才能够逃脱恐惧。艺术家里奥的作品都源自他对死亡的认识，但是作品本身却能够使人变得勇敢、勤奋、可爱，直面死亡的恐惧，生活得更有意义。这表现了一种注重实际的艺术观——艺术应着重人类的利益。虽然吉卜林没有指出艺术应该有教诲功能，但却暗示艺术必须能激励人心。

新居

不间断的工作给吉卜林带来了比他失去的还多的补偿，他的版税很快使他再次成为有钱人。吉卜林准备建造一幢适合拉兰特包乐思家族身份的房子。

吉卜林在从比提那里获得的土地上，建起了一幢大而漂亮的房子。吉卜林和加洛琳都喜欢做室内设计的工作，所以这栋房子的内部装饰完全是两个人自己的意见。不仅如此，外部的配套设施也是按照吉卜林夫妇自己的想法设置的。他们在房子外面修建了马厩、车道、两边有树的通道，以及一个网球场。

比提监督所有的工程，吉卜林夫妇付薪水给他，比提为他们订合约、雇工人、办理他们交办的事情等。这期间发生的一些纠纷影响了他们三个人之间的良好关系。加洛琳不放心一次把许多钱给比提，她喜欢零零星星地付钱给他。加洛琳这样做是出于善意的，她是善于理家理财的女人，吉卜林把什么事情都委托给她,而比提是一个典型的不会理财的人。姐姐不让弟弟有更多的处理事务的自由,似乎无可厚非,不过加洛琳的做法也有点欠缺技巧,尤其她严查比提的日常账目,比提当然会产生反感。

加洛琳对吉卜林似乎有一种严加保护的欲望和习惯,这可以从她起居室的位置看出来。加洛琳的起居室在吉卜林的书房门外,要见他必须先见她,她只让亲密的朋友和真正需要的商务上的熟人进去见他。吉卜林以前喜欢晚睡,有和新闻记者高谈阔论的习惯,不过在蜜月还没有度完时,加洛琳就已经纠正了他这种习惯。拉兰特的记者被禁止侵犯吉卜林的私生活,好奇心强烈、以挖掘事情为生存必备的记者对于这种情形自然极为不满。他们认为即使以包乐思家族的标准来看,包乐思家的这位姑娘和她杰出的英国丈夫都太不友善,太过于高高在上了。

吉卜林根本不知道他和他的邻居之间有着这样大的距离,他只知道他很喜欢这个新家里的宁静与不受干扰。他愿意为任何人,甚至陌生人,做任何事情,只要这些事情不破坏到他的隐私。一次吉卜林在山中散步,遇到一位住在远处,但可以看到他家位置的妇女。这位妇女说他家的灯散发出的温暖的光,使她得到很大安慰。吉卜林欣然答应晚间永远不把窗子遮起来。吉卜林这个已婚男人被很好地保护起来,他所知道的,就是这种与邻居不相妨碍、不相干扰的隐居生活,根本不知道佛蒙特州有人对他心怀恶意。

在比提的农庄,时常会举办热闹的户外派对或谷仓舞会。比提的太太会做许多糕点,舞会通常要到第二天凌晨才结束。吉卜林喜欢跑去玩乐一会儿,他很可能是想借这样的机会,得到当地人的喜爱。

其实,吉卜林大可不必如此。因为拉兰特的很多居民都非常喜欢吉卜林夫妇。虽然他们不去教堂,但当地的牧师对他们还是很友善的。住在附近的一位前任州长也将吉卜林视为自己的朋友。吉卜林在这里度过了三年,他认为自己很可能成为美国的永久居民,因为他"喜欢这个国家"。

《丛林故事》

吉卜林一家也曾在佛蒙特州团聚过一次。约翰和艾丽斯在1894年退休后,立刻到美国看望吉卜林夫妇和他们的小孙女。这成了吉卜林最高兴的事情之一。约翰到达拉兰特之后,开始协助吉卜林撰写《丛林故事》。《丛林故事》是吉卜林最有名的作品之一,其中的主角是各种动物,使用拟人化方式给予读者道德上的训诫。吉卜林在其中加入了"关于印度丛林所听到的或梦到的"广泛故事,有评论者分析这种做法可能是对当时的政治和社会作出的隐喻。其中最为读者熟知的,是莫格利的三个冒险故事。在吉卜林的用心写作下,每个故事都会承接上一个故事,并为下一个故事作铺垫。

《丛林故事》自出版以来就一直是最畅销的专集之一。这时吉卜林的写作功力正值高峰。书中提倡在一个有组织的社会要过一种负责而积极的生活。

《丛林故事》中有一个批判知识分子的故事，吉卜林描写了一群猴子，他们以谈

《丛林故事》封面

论为乐，尤其喜欢发表一些伤害他人的言论，但他们自己却不能成就任何一件事情。这种不奉承知识分子的态度当然冒犯了许多严肃的成人读者，并为吉卜林赢得了"反知识分子庸俗之人"的称呼。其实当时一些思想激进的知识分子，只重视如何表达他们对社会不公现象的怨恨，而不能在改进周围人的生活质量方面有所贡献，吉卜林这样批评他们，也是一种很有益的刺激。吉卜林精于运用语言，他的这项才能可以与同时代的任何人相匹敌，在《丛林故事续集》中，语言的运用表现得极为老练。《承担者》这篇小说很有技巧地运用了"动物谈话"的方式，描写三个讨厌的寄生虫之间的阿谀奉承和卑颜屈膝。它的比喻意义很明显，专制政府中总是

存在着一部分寄生虫，他们有着空泛的礼仪和虚伪的矫饰，这是腐败而残暴的权力造成的，这是对现代文明的一种极大的讽刺。

在略带红调子的深蓝色封面上，以烫金工艺印上一条响尾蛇，这使得《丛林故事续集》和19世纪90年代讲求美感的杂志一样令人赏心悦目。《丛林故事》则以大象为封面，也非常漂亮。这两本书由约翰设计封面，并绘制插图，它们是约翰最为人知的作品。

逃离美国

1895年，吉卜林想长居美国的梦想破灭了。年初，加洛琳的脸被火烧伤，伤势很严重。为了养伤，夫妇二人就去了华盛顿。在华盛顿，吉卜林发现总统周围的人非常卑鄙。

当时在美国，有关南美洲委内瑞拉和英属圭亚那边界问题的政治争论，正被利用来煽动民心。美国国内的反英情绪极为高涨，甚至可以引起战争。英国驻南非的一位政务官员首先使用军事力量企图夺取荷兰在南非的一座城市，虽然失败了，却足以使反对英国扩张帝国主义的美国人大为不满。

老罗斯福当时还不是美国总统，他希望美国成为19世纪90年代可以与英国并驾齐驱的帝国主义强权国家。像吉卜林一样，老罗斯福是一位近视眼的知识分子，他钦佩能够采取行动的强人。不过和吉卜林不同的是，老罗斯福要自己成为这种强人。他射击、骑马、钓鱼，最后在美西战争中，成功领导了一次具有历史意义的战斗。他的事迹几乎就是吉卜林所崇拜的英雄式的故事。老罗斯福参加政治集会时，乐队总是奏《今晚老镇的热闹时光》来欢迎他；他拒绝射击生长中的小熊，因而获得了"泰迪"的昵称。

老罗斯福和吉卜林相互欣赏，他喜欢吉卜林的狡黠，吉卜林则喜爱他的率直，他们因此而成为朋友。当他们相遇时，两个人都没有预先看出来他们或许可以运用一种"特别关系"促成英语国家的联合。老罗斯福当时很骄傲而率直地告诉吉卜林，他正打算把英国皇家海军视为美国"可能的敌人"，以此来说服美国国会，迫使国会拨款，建设更强大的海军。老罗斯福和吉卜林都是狂热的爱国人士，都想见识对方为自己国家服务的技巧和精力；他们也都没有看出，他们所主张的激烈帝国主义，不出 30 年就会成为过时的东西。

在佛蒙特州，比提给吉卜林夫妇带来了一点麻烦。在"幸福小屋"建成之后，比提只能依靠他的农庄生活，但他的农庄日渐衰败。随着经济状况的不景气，比提开始酗酒。比提夫妇越来越穷，而吉卜林夫妇则越来越发达。加洛琳以自己的方式关心比提，想把他的事务整顿好，却不想反而把关系弄得更紧张了。比提整日醉酒，变成吉卜林家不受欢迎的客人之一。吉卜林夫妇到英国去度假时，把家里的事交给比提照顾，但比提不善管理，致使吉卜林夫妇名下的债务逐渐增加。即使是最疼爱比提的祖母也开始不信任他，不再把财产交给他管理了。最后，在这种破产的威胁下，比提和加洛琳爆发了激烈的争吵。争吵的直接原因是加洛琳想在农庄的一个地方建造一座花园，而比提认为根据原来的协议，那块地方属于他。争吵的结果是加洛琳没有达成修建花园的愿望，姐弟俩也不再见面，彼此只依靠书信联络。比提不再为他们寄信，吉卜林只好自己去寄。当他走在拉兰特的街上时，他觉得所有人都在瞪他。最后比提终于破产了，闲言闲语也接踵而至。吉卜林曾对一位邻居说他被迫帮助比提。当然，这在某种程度上说是事实。吉卜林确实一直对他的这位小舅子出手大方，加洛琳为了减轻比提的负担，还曾经建议比提把女儿寄养在"幸福小屋"。但是这个建议没有得到理解，相反更加触怒了比提的妻子。当吉卜林在别人面前说的他一直很照顾比提的话，被人添油加醋传到比提耳朵里之后，一场风波终于不能避免。

1896 年 5 月的一天，吉卜林到郊外骑脚踏车，在一处山脚下，距离包乐思老夫人产业不远的地方，比提出现了。他以极快的速度，赶着马车冲向吉卜林。吉卜林从脚踏车上跌了下来，当他爬起来时，满身酒气、怒容满面的比提正挡着他的去路，他大声地指责吉卜林的不是。

当面对真正的暴力威胁时，吉卜林并不能保持从容的态度。他那些暴乱而诙谐的故事都是在书房中创造出来的，他的生活更是在舒适安全的环境中度过的。自从和加洛琳结婚后，他受到加洛琳的保护，从来没有听到过一句批评他的话，因此他根本无法应付这样一个发怒的人。

比提要求吉卜林收回他之前说的那些话，并威胁说如果吉卜林拒绝，他就会给他点颜色看看。包乐思老夫人的出现结束了这场一触即发的争斗。比提后来酒醒了，对自己的行为懊悔不已，但是感情上的伤害已经造成了。

吉卜林回到家里，和加洛琳讨论这场争吵，从此，他陷入了姐弟失和的旋涡中。第二天一早，吉卜林到拉兰特警察局，控告比提"以猥亵和侮辱的字眼侮骂他，并威胁要杀死他"。两天以后，比提被捕，而吉卜林想在佛蒙特州过平静生活的愿望也随之破灭。

以现在的标准来看，吉卜林似乎有点小题大做，尤其在对方是自己亲戚的情况下。他以文雅的态度对待暴力，他太把口头的威胁当真，而急忙向法律寻求帮助。这个行为将吉卜林置于不利的地位，虽然他后来表示要撤销诉讼，并将比提保释出来，但比提已经想到了获取更多利益的方法。

比提以弱者的姿态获得了大多数人的同情，报界对于终于能够抓住机会攻击高高在上的吉卜林，也觉得十分高兴。比提自付保金，并和报界商讨，愿意把他和吉卜林的故事卖给出价最高的报纸。

对比提来说，出庭的日子好像假期一样，律师的讯问使他有机会假惺惺地显示出自己的弱势地位。对于吉卜林来说，在证人席上接受讯问是一件非常痛苦的事，他认为律师有意把讯问时间延长，以便报纸多得到一些东西。吉卜林觉得自己的隐私被曝光了，他不能和小舅子和平相处的事传遍了全世界。

　　这种情形吉卜林无论如何不能再忍受了,他带着加洛琳、约瑟芬和在"幸福小屋"出生的次女艾尔西逃到英国。从此"幸福小屋"被荒废很多年。吉卜林回到英国，希望像他这样一位被无赖弄得倒霉透顶的绅士，能够不再被视为罪犯。

《第四度空间中的一个错误》

吉卜林的两个女儿对英国的气候有点不适应，约瑟芬常常抱怨英国的空气很闷。每到这时，她的爸爸就会呵呵地笑，称呼她为小美国人。事实上，吉卜林很同意女儿说的话，他也很怀念"幸福小屋"的温暖舒适，以及佛蒙特州那有规律且四季分明的气候。美国的秋天天高气爽，冬天不会像英国这样浓雾弥漫，更不会显得潮湿泥泞。吉卜林喜欢兴之所至尝试些疯狂的事情，像在佛蒙特州，吉卜林曾在雪地上用红色的球玩高尔夫，但在英国这些新奇的事都是不能做的，否则就会被视为古怪的人，甚至被主流社会所厌弃。

吉卜林离开佛蒙特州不久以后写的《第四度空间中的一个错误》，常常被认为是对排斥他的美国回打的一记耳光。这个故事的主角是一个在英国定居的百万富翁，他为了贪图方便，就在他的花园的一端，摇旗子使一列特别快车停了下来。铁路公司准许他上车，但是要他接受相关法律的制裁，并承诺永远不再妨碍火车的行驶。这位富翁自恃家财万贯，足以买下整个铁路公司，认为只要和铁路公司的总经理私下谈谈，事情就可以解决。所有人都认为有这种想法的人简直是个疯子。最后，铁路公司发现富翁是美国人，于是他们理解了这个疯狂且新奇的想法，因为这是典型的美国人的特点。

这个故事中含有一些感情色彩浓厚的言辞，清楚地显示出吉卜林对美国的不好的印象。文中，他对百万富翁的形容，也使读者很容易看出作者的爱憎。

> 那是最年轻的国家的合法子民，他们的祖先是印第安人。当他兴奋狂叫的时候，他的声音就提高到他那个种族特有的尖锐。他那对狭小的眼睛不时地显现出毫无理由的恐惧和烦恼、迅速而没有目的的思想、像孩童一样要立刻报复的欲望，以及孩童式的感情上的迷惘……

故事中还有一个不真实的现象描写，吉卜林指出所有美国人都喜欢便宜的雪茄，且喜欢在阴惨的地下室里面抽雪茄。

这个故事还给读者造成这样一种印象，纽约的报纸都是大声疾呼的标题和对著名人物的攻击。

虽然有这些对美国的不客观的甚至是负面的描写，但整个故事给人的印象却不是反美的。相反，这个故事显示出作者了解并爱慕英国和美国两个社会的各个方面，以及他对于这两个社会不能互相赏识的遗憾。这篇小说的作者是一位驻印英国人，他的妻子是美国人，他曾在佛蒙特州度过比任何地方都满意的成人生活，这样的出身和经历决定了吉卜林不可能反美。

故事中的百万富翁是依靠继承得来的百万财产，他没有自己创业的经历，这样一个设定非常重要。这个百万富翁代表这样一群人：具有极多的财富，地位不是自己挣来的，但却认为自己完全有资格享受这个地位所带来的特权。吉卜林讨厌这种人，他也完全了解美国社会比英国社会更不满意他们。美国作为一个新兴的资本主义国家，崇尚创造，对懒散的行为总是给予强烈的批判和蔑视。

故事的最后，百万富翁受到了教训，他不再用钱去买英国的阶级地位，而是回到美国踏实地工作。吉卜林了解读者认为英国社会顽固、守旧而褊狭的观点，同时他也明白读者会对百万富翁转而成为有用的商人而深表赞许。

《勇敢的大尉》与《七海》

1897 年，吉卜林出版了中篇小说《勇敢的大尉》。从他 1897 年和 1898 年出版的作品中，我们可以看出他受到很大的美国生活的影响。《勇敢的大尉》讲述了一个美国男孩失足落海，被渔夫所救，然后和渔民们一起出海捕鱼的故事。在艰苦的劳动中，这个娇生惯养的男孩受到了锻炼，越加坚强而有毅力。故事中对马萨诸塞州小渔民的生活方式的描写极为生动而逼真，这是吉卜林随着船队到海上体验生活的结果。

吉卜林似乎常常利用他的小说来攻击某种类型的青年，以求改正他自己某些可能存在的缺点。在早期印度的故事中，需要纠正的年轻人通常都是知识分子，他们认为他们受过教育，知道的比周围的人多。到 19 世纪 90 年代中期，吉卜林已经是一位有钱有名望的作家了,《勇敢的大尉》全篇的大意，就是对劳动致富的提倡。

吉卜林并不反对自我创业者的奇思妙想。他向美国铁路大亨芬尼请教，如果想要花最少的时间，尽可能地减少转弯拐角，从加利福尼亚州坐火车到马萨诸塞州，要走怎样一条路线。吉卜林后来根据芬尼的资料，详细地描述了故事中的人物采取的路线，后来芬尼真的按照这条路线行驶火车，打破了之前的速度纪录，吉卜林觉得他做了一件具有开拓精神的事。

但是在英国，这种疯狂的事是很难发生的。吉卜林在海边租了一幢岩石屋，他的书房正对着大海，几乎可以直接俯视德文郡的码头。吉卜林一点也不欣赏这种景象，这根本不能和他所喜爱的佛蒙特州群山的景色相比。吉卜林一家刚到这里的时候，一阵强烈的暴风雨袭来，把房子周围的树都吹倒了，这似乎是个不祥之兆。虽然吉卜林没有提起他有多么怀念在美国的生活，但加洛琳明白如果不是比提在拉兰特的话，吉卜林还是渴望回到那里的。

《七海》是一本诗集，具有严肃的哲学意味，这部作品提高了吉卜林在文学上的地位。哈佛大学的教授诺顿在杂志上发表了一篇极为推崇的长评，赞扬吉卜林是"热情的、道德的、爱国的"。获得这样的推崇和赞扬，吉卜林大感意外，当然也觉得非常高兴。在美国时，诺顿就是吉卜林的朋友了，但吉卜林自谦地认为他受的教育有限，他的作品一定不会得到像诺顿这样的知识分子的重视。在一封给诺顿的信中，吉卜林说他不愿把自己的诗看得太重要，因为他一直不认为自己是合格的诗人。

《七海》出版之后，吉卜林开始和学院界的杰出人物交往，学院是他愿意接受荣誉的少数官方单位之一。吉卜林到牛津大学作演讲时，学生们大声欢呼，以致校长没有办法为他致欢迎词。

家务事

为了充实生活，吉卜林开始开拓新的体验领域。他把目光对准了英国皇家海军。吉卜林之前曾与海军上校贝利交情不错，他表示出希望对海军有更深的了解之后，贝利上校邀请他参观在英吉利海峡举行的演习，吉卜林欣然接受。本来有机会体验更刺激的事情，那就是随地中海舰队去观看土耳其人和克里特岛人的对抗，但吉卜林拒绝了。

　　有一次约翰也获得了邀请，和吉卜林一同去看演习。这位已经退休的老人比他的儿子更喜欢冒险，如果有可能的话，他会以环球旅行的方式度过他退休之后的岁月。

　　吉卜林的作品是他父亲绘画的素材。约翰有一个工作间，专为吉卜林作品的美国版绘制插图。后来，约翰觉得插图有点老套，他把角色和事件制成浅浮雕，然后请摄影师来，仔细调好灯光，把浅浮雕拍摄成照片。这个办法非常成功，《基姆》中的插图就是这样制作的。书中插图没有能够显示出浮雕的大小。原浮雕有两尺宽，非常精美，吉卜林还特地将其中的一部分制成铜雕。

　　吉卜林夫妇又一次搬家了，他们搬到了乔琪姨妈家附近。吉卜林的表弟斯坦利·鲍德温早些时候已经和一位叫做茜茜

吉卜林的家

的女子结婚了，他们也住在附近。

与亲人们在一起的日子似乎冲淡了吉卜林心里对于英国的厌倦和不满。1897年，茜茜和加洛琳都怀孕了，吉卜林和斯坦利·鲍德温因为有了更多的共同语言，彼此的友谊似乎也更为深厚了。这一年，乔琪姨父的一幅画获得了空前的成功，吉卜林写了一首诗表示赞扬。这幅画叫做《吸血鬼》，是一幅维多利亚时代后期的、拟古典主义的画，在今天看来，它的意义并不积极，甚至有些狂暴。

1900年，吉卜林似乎又和高娜德恢复了来往，到1912年，甚至有证据显示他的一本笔记转到了高娜德手上。虽然他们不可能旧情复燃，但年轻的时候高娜德带给吉卜林的伤害却是他一生中无法忘记的伤心事。

1898年，吉卜林的长子出生了，夫妇俩非常高兴，并以吉卜林的父亲的第一个名字约翰为其命名。尽管英国的生活不尽如人意，但吉卜林全家过得还是比较愉快的，只是这个家族的老一辈人开始有麻烦了。

在印度生活了许多年后，艾丽斯很难适应英国潮湿而寒冷的冬天，她的体重迅速下降，失眠、神经痛，这使得其他人非常不安。

翠丝没有多大变化，还是一位聪明而漂亮的高贵淑女，并且具备一般家庭妇女不具备的才能。1897年，她出版了自己的第一部小说，之后又陆续出版了一些作品，还与她的母亲合作出版了一本诗集。翠丝的大部分时间都是和她的父母一起度过的，但约翰和艾丽斯似乎并没有因为翠丝的承欢膝下而感到安慰。因为翠丝开始致力于超自然力的研究。

从 19 世纪 90 年代早期开始,翠丝就常常参加通灵聚会,她的朋友全是一些作"心灵研究"的人。

翠丝和她丈夫的第一次不和发生在 1890 年。那一年,翠丝的丈夫回英国度假,一直住在爱丁堡治疗失眠,而翠丝一直跟她的小姑子住在一起。时间一长,翠丝觉得她不能从丈夫那里得到所需要的爱护和关注,她感兴趣的事情也不是丈夫能够理解的。翠丝的丈夫是一个友善而有耐心的人,但"通灵"活动和不合理的行为不是他能了解并接受的,于是翠丝开始跟他作对。有时候翠丝将自己完全封闭,为时很长,几乎与实际生活脱节;有时候,她又狂热地敌视自己的丈夫。医生告诉他,当翠丝处于这两种状况时,最好不要尝试跟她谈话,因此,夫妻两个分居的时间越来越长了。

1898 年,翠丝的精神终于全面崩溃,她搬到了母亲这里。此后的很长一段时间,翠丝都陷入那种长时间的"通灵"活动中,直到她搬到爱丁堡才完全康复。

这期间,吉卜林尽可能地帮助翠丝,在她情况最恶劣的时候,只有他还可以接近她。这年夏天,乔琪姨父去世,吉卜林的情感重心转向安慰悲伤的乔琪姨妈。

各种各样的故事

孩子一直是吉卜林最大的快乐源泉。除了他自己的三个小孩外，斯坦利·鲍德温的孩子也常到吉卜林家来玩。这些孩子甚至还成立了一个俱乐部。

所有这些孩子中，吉卜林最喜欢的就是长女约瑟芬，因为约瑟芬极富想象力。从父女俩的通信中，我们可以看出他们之间互信、互爱的关系。

吉卜林很受孩子们的欢迎，因为他不像其他大人那样一板一眼，严厉而不苟言笑。吉卜林喜欢装扮成食人妖，跟一屋子的孩子做游戏。

晚上，他就为他们说故事。这些故事后来经过修改，结集出版，就是大家所熟知的《就是这些故事》。

1898年，吉卜林还出版了《日常工作》。这是一部给成人看的专集，收录了他在佛蒙特州以及以后所写的部分故事。有关印度的故事很长，着重于工作和责任。比如《行走的代表》，述说了他在印度玩马球的事情，以及他对马的怀念。吉卜林完美地描写出他在佛蒙特州养的马，故事中的马都有自己的名字，这些马通人性，它们有自己的座谈会。吉卜林着重描写了一群马教训一匹爱玩的懒惰的马的过程，它们想让它知道工作的美德和对人类应有的尊敬。

从动物的故事衍生出去，吉卜林又写了一些关于机器的故事。《找到自己的船》讲述了一艘船的各个部分在处女航中团结在一起，通力合作完成航行的故事。《点零零七》这个故事是说一部蒸汽机车努力工作，终于赢得了车库里其他机车的同意，加入了机车互助会。

爱情故事方面有《矮树林中的男孩》和《征服者威廉》，这两个故事的基调正如《泰晤士报》预告要连载的时候所说的那样，是"非常激情"的。

这本书中也有一些今天看来观点并不正确的文章，比如《行走的代表》，这个故事里吉卜林批判了劳工组织，暗指其是"闲散的穷人"怨恨"勤劳的富人"的产物。

写给女王的诗

19世纪90年代，吉卜林对于帝国主义的看法与他的国人是一致的。同时，他十分担心英国政府当局对殖民地的忽视。1897年，吉卜林曾发表了一篇文章，对英国政府予以加拿大的优惠关税提出批评。

不过，真正使吉卜林成为爱国先锋的是1897年维多利亚女王六十大寿的庆典。在这个时机，他似乎应该写点东西才恰当，但是吉卜林极度不喜欢挥旗捧场，他觉得难以写出一篇合适的赞美诗来歌颂女王。到吉卜林家做客的一位朋友在纸篓里看到一些丢弃的诗稿，诗稿里表现出吉卜林对于英国夸大自身现状的怀疑，这位朋友劝吉卜林把这些诗稿保存起来，乔琪姨妈也表示同意。这些诗稿经过修改润色以后寄给了一位诗人，诗人觉得这些诗都不错，于是题名为《隐退》，在《泰晤士报》上刊出。吉卜林声名大噪。

英国是一个相对保守严谨的国度，他们觉得刚刚发出的关于女王六十大寿的贺词有些夸张，这让整个英国社会有点不安，吉卜林的诗正好迎合了这种心理。这首诗对于女王六十大寿庆典的夸张，作了一点小小的批评，这正是全英国乐意听到的。这首蕴含着批评意味的诗如同赞美诗般响亮，不过其中有些表现种族偏见的地方。

这首诗令保守党和自由党都觉得满意，于是贺函雪片般纷至沓来。吉卜林之前那种粗俗而充满简单音韵的诗歌作者的印象被人搁置一边，他一时被全英国人认为是一位认真而能够用诗歌鼓舞人的诗人。如果英国人知道所刊登出来的诗只表达了吉卜林一半的意思，赞誉之词或许就不会这么多了。吉卜林撕毁的一部分诗，鼓励英国人走出家门，去打击威胁到英国人利益的任何势力。吉卜林对朋友说，他并不完全支持和平的外交政策。"我所要说的，"他解释，"是不要空谈，要给予人民一些东西。"吉卜林的这种观点与老罗斯福的"大棒政策"可谓异曲同工，老罗斯福最著名的口号就是："口气温和，但要拿着一根棍子。"

吉卜林的政治观点越来越接近老罗斯福了。按照当时政治的趋向，英国的殖民霸主地位确实是日薄西山，美国与西班牙的战争使美国得到了管理古巴和菲律宾的权力，美国正逐渐成为新兴的殖民主义国家。在南非，英国的殖民地位也受到了挑战，南非境内的荷兰人不重视城市卫生，也不准备把公民权授给他们境内的非荷兰人，当地的非洲土著没有多少人权，实业也难以进步。

南非与美国

1897 年到 1898 年之间的冬天，吉卜林一家到南非避寒。南非的传奇作家为吉卜林提供了一些建议。殖民主义的实践者罗德兹和米尔勒带着吉卜林四处参观。吉卜林回到英国后如实报道了罗德兹在非洲扩张的情形，并建议应该有所节制，减缓殖民地内英国人和荷兰人之间的紧张关系。

吉卜林写了一首关于美国和帝国主义的诗，这首诗表现出来的唯一东西就是种族优越感。吉卜林单纯从政治角度解读帝国主义和殖民主义，从来就没有考虑到经济利益的层面，他甚至不知道这些跟经济利益有什么关系。吉卜林如此天真，以至于相信罗德兹的巨大财富只是凭干劲和良好的品德，再加上辛勤的工作得来的必然成果。因此，虽然吉卜林并不是故意的，但他的诗歌却在邀请美国人来跟英国人一同实行帝国主义，"承担起白种人的负担"。

老罗斯福得到这首诗后，并不认为诗本身很好，但却看出了这首诗对他的政治意义。英、美联合实行帝国主义——说英语的新教徒凭借有效率的技术来统治全世界，这成了吉卜林的梦想。出于这个冲动，他决定到美国去过下一个冬天。

在美国，也有许多事情需要吉卜林去办。吉卜林信任的一家美国出版商在处理他的新作时速度过缓，当然，其中原因很多，尤其是约翰的浮雕，不可能速度很快。

就在这部新作拖着的时候，另一家出版公司钻美国版权法令的空子，要盗印吉卜林的另一部作品。这件事必须制止，吉卜林打算亲自参与法律诉讼。

还有"幸福小屋"，这栋房子如果不赶快卖掉的话，就要加以整修，空着总不是办法。这件事吉卜林也希望亲自处理。

1898 年 12 月和 1899 年 1 月，北大西洋经常波涛汹涌，吉卜林的船遇到了狂风，孩子们晕船晕得很厉害。当吉卜林一家到达纽约的时候，约瑟芬和艾尔西得了重感冒。在海关站了两个小时，大家都很疲惫、不舒服。记者围着吉卜林要他发表谈话，他拒绝了。

事实上，报纸都在谈论吉卜林之前关于帝国主义的那首诗。吉卜林到达美国的时间，正好是他在美国的影响达到最高峰的时候。他是一位诗人，却说了一些有关美国政治的事；他娶的太太是美国人，在佛蒙特州住过三年；他以英国人的身份向美国说教，他本身就是新闻。

比提似乎还不能与吉卜林达成和解，他向纽约报界宣布，他打算控告吉卜林在三年前对他的"迫害"，并宣布要吉卜林赔偿他五万美元的精神损失费。

吉卜林和加洛琳根本没有时间去注意比提摆出来的不友好的姿态。在旅馆里，两个女孩的感冒恶化了，经诊断已经转为百日咳，并且还有其他的并发症。气候的寒冷，加上照顾病童的忧烦，叫做父母的吃不消，之后加洛琳自己也发起烧来。经过细心的照料，2月中旬，两个孩子终于好转了。

吉卜林和加洛琳相约到中央公园走走，缓解一下这些天来的劳累。就在这天晚上，吉卜林回来后脸色不对，第二天凌晨就发起烧来。医生来为他检查，发现他得了肺炎，情况很严重，加洛琳不得不请来一位专门医生，并雇用了一位夜间护士。

痛失爱女

两天后，约瑟芬的病复发了，持续且严重地发烧。加洛琳为照顾吉卜林无暇分身，无奈之下只好把约瑟芬送到朋友家里。不久之后，艾尔西也出现了和约瑟芬一样的症状，极有可能演变成肺炎。加洛琳只好再雇一名护士照顾艾尔西。小儿子约翰也得了支气管炎，加洛琳更加手忙脚乱了。幸运的是艾尔西和约翰很快就康复了。

吉卜林并没有像他的孩子一样很快康复。报界知道吉卜林生病的消息之后，就派了一群记者进驻旅馆，仔细报道吉卜林病况的变化情形。加洛琳不得不发表一份简单而说法含糊的声明："吉卜林是生病了，不过不是很严重，我相信报纸不会过分夸大这件事。谢谢大家的关心。"

加洛琳实在无暇顾及报界，就拜托诺顿帮忙处理。他比加洛琳更有技巧，知道封锁数据并不能消除报界的好奇心，反而会引起他们的敌意。他把医生的报告转给记者，于是全世界都在关注吉卜林的病情。他的肺炎更加严重了，他的呼吸"极为困难"，"状况使人忧虑"。还好医生说"并不是没有希望"。3月初，吉卜林终于脱离了险境，世界各地的贺函雪片般飞来。

一般而言，像吉卜林这样的作家生病了，报上顶多刊登一两段新闻而已。但事实上，除了教皇生病的消息之外，吉卜林的病情的进展在当时也成为最引人注意的事。全世界报纸的读者，尤其是英国和美国的读者，似乎都受到新闻的影响，反应极为强烈。

大家到教堂去祷告，祈求吉卜林早日康复。围在旅馆外面的群众把交通都阻塞了，甚至于有人跪在旅馆外面的人行道上祈祷。吉卜林康复的消息一传出去，德国皇帝、《泰晤士报》总编辑、罗德兹、马克·吐温、老罗斯福，美国和英国的许多演员、画家、作家，皇家海军的一些人，以及其他各界人士，都纷纷寄来贺函。大众对一位作家的关注在吉卜林这里达到了顶峰。但是，就在吉卜林康复后的第二天，约瑟芬的情况恶化了，她不能吃固体食物，并发症不断地出现。加洛琳到朋友家看望约瑟芬，她在晚上十点钟离开，约瑟芬要她把爱带给"爹地和所有人"。这是约瑟芬的最后一句话，第二天她就离开了这个世界。

照顾大病初愈的吉卜林，以及把约瑟芬去世的消息告诉他，这都需要加洛琳去做。医生说吉卜林还很虚弱，不能承受这样沉重的打击。诺顿跟记者们协商了一下，最后记者们同意不大肆报道约瑟芬的消息。当加洛琳去参加约瑟芬的葬礼时，她在黑色的外套上加了一条红色的围巾，好让吉卜林意识不到她穿着丧服。但是，最后总得把这件事告诉吉卜林。

很多研究者对加洛琳的性格常常有保留意见，他们认为她缺少她丈夫那种热情和友善，她更冷淡、苛刻，占有性更强，这使得吉卜林被过分地保护起来，不能和社会大众有过多的接触。如果吉卜林在饭后和同桌的人喝酒谈天，加洛琳就会催促他去睡觉。她似乎喜欢将自己的意志加在吉卜林和家中其他人的身上。1899年冬天，艾丽斯本来反对吉卜林带着孩子横渡汹涌的大西洋，她认为当时海上的气候对孩子们的健康会有不利的影响，但加洛琳却不理会婆婆的意见，坚持要全家坐船去美国。

尽管有上面那些缺点，加洛琳还是有她了不起的美德。不过她的那些美德不得不用沉默隐藏起来。她丈夫是一个敏感的人，很早就学会隐藏真实的一面来保护自己。早在"孤寂之屋"的时代，他就培养起一种诙谐、自信的模样，作为他的保护壳。除了亲人以及熟识的朋友，他尽量避免而且不喜欢和敏感内向的人在一起。他喜欢说大话，但是当情形真正威胁到他时，吉卜林就会退缩。当他在社交场合与人周旋时，他的表现并不像他的言论一样激烈，也不像他在文学上所显示出来的坚强的样子，而是一个比较胆怯的小人物。他喜欢和孩子在一起，那时候，他就会显得智慧洋溢；他最快乐的时光大概就是和约瑟芬在一起的时候了。关于吉卜林的性格，没有人比加洛琳知道得更清楚。吉卜林需要保护，她就以保护他为己任。她经常和他在一起，这让吉卜林觉得安全。但是，当加洛琳把约瑟芬去世的消息告诉他的时候，他们之间的关系面临着最大的考验。吉卜林听到约瑟芬去世的消息很震惊、很伤心，这是永远不能平复的伤痛。直到6月，他才恢复了一些，可以见见朋友，并逐渐开始工作。这年复活节的时候，吉卜林写了一封信给路透社，向世界范围内的读者报告他已日渐康复的消息。这封信被许多报纸登载，部分内容如下：

请允许我使用贵报的一点版面，向关心我的各界
人士致谢。我还没有完全康复，不能逐一回复大家的
来信，不得已只好采用这种方式来感谢大家的关心。

5月，医生告诉吉卜林，他的病已完全康复，但是为安
全起见，最好再休息一段时间。医生还告诉吉卜林，他的身
体已经不允许他回英国过冬。6月，全家的身体状况都恢复
得差不多了，吉卜林有意离开美国。

吉卜林最初计划的事情都没有办完。控告出版公司的诉
讼案件刚刚开始，后来这场官司拖到1901年，才以吉卜林
的败诉而告终。

至于"幸福小屋"，一直到1902年，吉卜林决定定居英
国的时候才将它卖掉。那时候，吉卜林觉得他想住在美国的
残梦应该被清除掉了，何况这个梦已经变成了噩梦。吉卜林
把屋子里的东西托运回英国，或是送给在美国的朋友，然后
计划以较低的价格卖掉这栋房子。

南非战争

1899年到1900年的冬天，吉卜林遵照医生的建议到南
非过冬。他赶上了南非的一场战争。我们叙述一下这场战争
的背景和起因：

前面我们已经提到过，南非境内有两股殖民势力，一方是荷兰，一方是英国。荷兰人比英国人更早在这里定居，他们按照非洲大陆的生活习惯组成了一个部落，称为波尔。

部落生活的特征就是拒绝和他们不能控制的邻居相处，以部落为重，有效、和睦，行政管理为次，也就是对部落宗族的忠心要高于对地区的忠心。从长远的观念来看，部落主义当然要比国家主义差得多，不利于种族的发展和进步。

波尔部落在压迫或赶走黑人邻居方面很成功，但在开普敦一带却碰到了英国人。英国人提议和波尔部落一起建立一个歧视黑人的国家，他们的理念是白种欧洲人应该联合起来成为统治民族，以求有效地管理这个地方；黑人居民虽然得不到权力，但要给予他们某些次等国民的权利，借以保持和平。

由于开普敦一带的英国人很多，这个建议似乎可以实现，但是波尔部落拒绝了。同时他们采取了部落民族的做法，那就是当他们遇到太强而不能抵抗的敌人时，他们就转移到另一个地方。波尔部落迁移出开普敦一带，远离他们不喜欢的英国人的一切做法。但是，英国人正在不断地涌入南非，波尔部落越来越找不到一处只看得到自己风俗习惯的地方。不过，他们没有放弃部落原则，一直拒绝把某些基本权力赋予外来人。他们向全世界的自由人士摆出这样一种姿态：波尔部落是被围攻的小邦，受到贪婪的、帝国主义的英国人的威胁。

当然，在南非实行帝国主义扩张的英国人不在少数。罗德兹出于某种不太清楚的理想主义的动机，一心想要看到非洲从开普敦到赞比西河的广大领土都属于英国。米尔勒则想要使英国的行政管理方式延伸到开普敦以外的地区。这两个人认为波尔部落的行为有蔑视文明的嫌疑。

波尔部落的领袖叫做克鲁格，他的宣传工作做得很到位，欧洲各国都十分同情波尔部落。吉卜林到达南非之前，克鲁格曾面见了英国国会大臣张伯伦，张伯伦是推行帝国主义殖民的拥护者。仇人见面，分外眼红。两人对彼此的印象都十分差，张伯伦说了很多威胁克鲁格的话。克鲁格也不甘示弱，要求围绕在他部落外面的英国部队必须撤走。两相都谈不拢，战争就爆发了。张伯伦派遣了很多部队到南非，准备打垮荷兰人。

在吉卜林到南非之前，战争就已经打响了。波尔部落的志愿突击队轻装上阵，使装备笨重、行动迟缓的英国军队吃了几次败仗。

英国国内对于这场战争出现了两种对立的情绪，一方认为对外战争是英国建立海外权威和权力的一个好机会，另一方则基于道义呼吁和平解决争端。这期间的吉卜林变成了英国主战派的发言人，他的文章也开始倾向于这方面。英国国内这种对立的情形延伸到了吉卜林的家庭中，吉卜林最敬爱的乔琪姨妈开始不愿意再看吉卜林的文章。

除了写文章之外，吉卜林也做一些其他的有益于战争的事情，比如为士兵和他们的眷属征募福利基金等。

这项基金最后募集到了25万英镑，因为这个功劳，有人提议女王授予吉卜林爵位。他很感激，但是他认为这项荣誉可能会影响他的独立身份，因此吉卜林拒绝接受。

1900年1月，吉卜林在开普敦听到了英国人再一次惨败的消息。指挥官被更换，新任指挥官罗伯兹是吉卜林在印度时就崇拜的强硬派军事人物。罗伯兹很重视战争的宣传工作，他把吉卜林请来，两个人谈了一晚。之后，罗伯兹将英军的每次行动，都谨慎而有所保留地告知记者。当罗伯兹获得南非战争的第一次胜利时，吉卜林立刻前往祝贺。

重回记者岗位

罗伯兹很快又攻下一座城市，然后他成立了一个军报社，开始发行一份刊物。在罗伯兹的邀请之下，四名记者负责办这份报纸，其中之一是《泰晤士报》派驻南非的记者。罗伯兹希望吉卜林参加军报社的工作，于是吉卜林重回记者岗位，写稿、编辑、校对、赶截稿时间。

回到老工作岗位，却不像以前那样压力巨大，同事间相处得也很好，大家团结一致，这对吉卜林来说是件很开心的事。他写信告诉一位美国朋友："这里碰巧有一场战争，而我享受到了我一生中最快乐的时光。"

　　吉卜林之所以很快乐，部分原因是第一次目睹实际的战斗。他在散文和诗中描写的战争情形已经很多了，他的描写被认为逼真且传神，但在这之前，他一直无法真正体会战争到底是怎么回事。

　　这是一场并不十分重要的战争，胜利对于英国人来说似乎是一定的，而失败则是不可能的，因此士兵们很高兴让记者到前线来闻闻火药味。吉卜林和一名记者坐着一辆马车，悠闲地向前线而去。一名卫队军官和他们同行，沿途为他们讲解道路两边战壕的安排。

　　他们通过英国步兵的阵线，一直到与波尔部落军对峙的阵地前。这期间，他们路过了一个农庄，农庄的房子上插着五面白色的旗子。农庄里有四名波尔平民，两男两女，以冷淡的态度迎接他们。他们准备离开马车到别处看看，并叫驾车人等他们，但驾车人不愿留在那里，他说波尔平民虽然采取中立态度，但偶尔会偷偷射击英国人。后来，每当吉卜林想到这个农庄时，就会想起驾车人的话。

　　这场战斗并没有结果，罗伯兹原希望骑兵能够把波尔部落军包围起来，然后再由步兵展开攻击。但是英国的骑兵远没有波尔部落军骑兵的速度快，他们在被包围之前就先行撤退了。不久后，吉卜林回到英国，他投身于战争宣传，他和当时英国最有影响力的政治家张伯伦共进午餐，他建议在南非建立一支部队，专门练习射击。这是波尔部落军精于射击给吉卜林的教训。

这年圣诞节时，吉卜林又要动身前往南非，在那之前，他完成了一个故事，故事的名字叫做《梦中的军队》。这个故事热烈地提倡全英国从幼童一直到年老的男性都应该参加不同形式的民兵组织，把他们所有空闲的时间用来参加无终止的训练、作业和演习。这种倾向军国主义的构想代表了吉卜林期望看到的国家形式，当他在1901年初回到开普敦后，他遇到一位几乎把这个构想的一部分实现了的人。

罗勃特·贝登堡上校是一位出色的指挥官，他的仗打得不错。他受派指挥一个机动部队，负责保卫英军占领区的边界，不让波尔部落军侵入。

贝登堡的文笔也相当不错。他曾经写过一些军事规范，风格轻松活泼而且具有可读性。贝登堡驻扎的地方被波尔部落军围困了很久，他在指挥突围的同时写了一篇文章，内容生动。后来这篇文章刊登在了伦敦的报纸上，对主战派人士产生了莫大的鼓舞作用。

等到突围成功时，贝登堡俨然成了全英国的英雄人物。他是非常合乎吉卜林心意的人。他的穿着极绅士化，有时候出于维持秩序的需要，也拳打脚踢一下。贝登堡才华横溢，写作、表演、绘画、雕刻都信手拈来。他和吉卜林一样喜欢用虫形钩钓鱼。他有许多故事和经验可以作为写作的素材，他有孩子般充沛的精力。他在南非发起了童子军运动，这与吉卜林全国皆兵的梦想有部分的重合，不过贝登堡毕竟不是军国主义的拥护者，他没有进一步实践吉卜林的设想。

　　战争开始相持下去。以罗伯兹的军事才能，英国人不至于失败，但也不是居于必胜之境。波尔部落军避免正面接触，采用快速小部队撩扰突击。基契诺接替了罗伯兹，这时英军中爆发了大规模的疟疾，大量士兵的健康受到威胁，官方却一直没有提出什么有效的措施。吉卜林对官方的无能大为气愤，而且他始终认为英军在这场战争中没有表现出该有的勇气和智慧。相反，波尔部落军倒是做到了这一点，这使得吉卜林非常不痛快。

　　为了减除烦恼，吉卜林开始思考殖民地的未来。他认为南非必须由英国人来统治，当然被征服的波尔部落应该得到平等的公民权。不过，像许多英国军人一样，吉卜林似乎并不满意住在开普敦一带的波尔平民，因为他们对英国人不友善。

　　当战争结束的时候，吉卜林一家人已经回到了英国。乔琪姨妈当时极为不满英国滥用军事力量蹂躏小国，她在自家墙上挂了一块黑布，上面写着："我们杀了人，夺了人家的地方。"这种反战思想在民众已经被殖民狂热所蛊惑的时候自然要受到排斥，村民很生气地包围了乔琪姨妈家。吉卜林急忙赶到现场，运用他作为主战派"爱国"诗人的声誉恢复了秩序。尽管他跟乔琪姨妈政治观念不同，但正如乔琪姨妈所说的，他们一直互相关爱。

　　对吉卜林一家来说，生活是非常惬意的。夏天住在英国，冬天到南非的艳阳天下，还有开普敦美丽的海滩让孩子们游泳玩耍。加洛琳还养了一头幼狮。不过当夏天他们回到英国时，小狮子得不到妥善的照顾，最后死掉了。

这次离开南非之后，吉卜林再也没有回去过。

《基姆》

早在 1897 年，也就是在吉卜林的乔琪姨父去世的前一年，他写了一封信给吉卜林。这封信具有整个家族爱开玩笑的特色，不过乔琪姨父身为一个维多利亚时代的爵士，会写出这样的信也有点让人料想不到。

> 为了你提到的新脚踏车的事，我要向你提出警告。我认识的一位在股票市场中很有地位的先生，就是骑这种脚踏车时受的重伤，最后不治身亡。你最好还是老老实实看书写作吧。

其中所提到的新脚踏车是当时吉卜林热衷玩的一种车子，那是工业文明的新产物。1900 年，吉卜林也买了一部美国蒸汽汽车。当时汽车刚刚问世，玩车子是一件令人兴奋的事，路上没有加油站，开车人要自己无师自通地修车。蒸汽汽车的引擎有些不符合时代的发展，所以它被迅速地淘汰了。但是吉卜林的这部车子忠诚地为他服务了两年。之后，吉卜林又换了一部新车。

驾驶早期的汽车，使吉卜林享受到他一直所喜欢的那种"没有危险的冒险"。当他超过慢悠悠的马车，或者把尘土扬在喘着气的脚踏车骑士的脸上的时候，他有一种胜过他人的感觉。警察成了吉卜林最大的敌人，因为他们常常会以超速为理由来处罚他。一群有钱、自视勇敢的人组成了汽车协会，以对抗警察没完没了的处罚。

吉卜林在很多文章里大谈汽车。在 20 世纪的最初几年，吉卜林用车子的主要目的是在伦敦附近的郊区寻找一个可以定居的家。之前的住处已经不能再住下去了，这里使吉卜林常常回忆起和约瑟芬在一起的日子，而且这里不再清净，越来越多的人搬了过来。

最后，吉卜林终于在一个村庄找到了一幢房子，离火车站只有一两公里远。村子的一头有一条很陡很窄的小道，小道经过树林通往一片广阔的河谷。那幢房子非常隐蔽，也非常安静，房主把四周的园圃弄得很漂亮。吉卜林和加洛琳在看到这栋房子时，异口同声地叫道："就是这里！"这就是后来的"贝特曼屋"。

订下合约后，吉卜林夫妇开始装修，他们把屋子弄得很有情调。

在"贝特曼屋"里，吉卜林完成的第一本书是《基姆》。这是吉卜林最后一个关于印度的故事。基姆是一个驻印度爱尔兰士兵的儿子，他的身上融合了东方人和西方人的心理特征，他聪明刚毅，游走于东西方之间。

这个故事涉及的地方很多，西藏、伦敦，以及英国的其他城市。这使得吉卜林不得不用流浪的方式来处理故事。一个人从一个地方流浪到另一个地方，一路上遇到不同的人，遭遇到许多危险新奇的事。

这部作品的缺点在于把帝国主义理想化了，但这也正是吉卜林本人的观点：整个印度必须是和英国的统治有关的。这是一个关于间谍的故事，吉卜林在故事中设想俄国有入侵印度的企图。这种想法并不是吉卜林凭空捏造的，对俄国的恐惧在 19 世纪一直左右着印度的外交政策。吉卜林以艺术的技巧表现出由于英国的统治，印度一片稳定安全。

书中描写了一个西藏喇嘛，这是吉卜林的小说中非常具有特色的一个人物，他的宗教精神非常伟大而神圣。正是由于他的影响，基姆学会了敬爱他所遇见的人。当然这个人物身上也有缺点，比如容易被骗。基姆的世俗确保了喇嘛的生存，正如一位评论者所说："如果不随时把坏人铲除，对于没有武器的梦想家来说，这个世界就不是一个好的世界了。"

吉卜林更表示出如果这个世界由没有武器的梦想家来治理，这个世界也不会是一个好的世界。神圣的宗教信仰有利于教化民众，但国家还是要依靠立法和行政手段来治理，仅仅拥有高度的智慧和悲悯之心是不够的。

同之前一样，吉卜林的父亲约翰为这本书作了一些浮雕，并且雕刻了基姆和喇嘛的小雕像。约翰认识到他的儿子已经创作出了一个英国人所写的有关英属印度的最好的小说，这并不是身为父亲的夸大其词。《基姆》这本书到现在还是英国统治印度那段历史中产生的英国人的最好的艺术成就之一。

吉卜林又一次拒绝了受封为爵士的机会。著名的且真正有成就的作家似乎都对爵位不甚看重，与吉卜林有着同样拒绝受封经历的还有萧伯纳。

诺贝尔文学奖

吉卜林家的一些亲戚这时候也都飞黄腾达了，他的一个姨父成了铁路公司的董事长，表弟斯坦利·鲍德温经营一家铁工厂，后来进入国会从政。无疑，吉卜林是他们中最成功的人，他的稿费是全英国最高的，千字多少钱随他自己决定。

各机构都想颁荣誉给吉卜林，并邀他参加各种活动。其中有一些跟政治有关的活动都被吉卜林拒绝了。虽然他不和当代权力妥协，但还是接受了不少荣誉。牛津大学颁给他荣誉博士学位，他很高兴地接受了，当时得到这项荣誉的还有马克·吐温。

吉卜林得到的最高荣誉是 1907 年的诺贝尔文学奖。他是第一个得到这项殊荣的英国作家。吉卜林的获奖理由是"观察的能力、想象的新颖、思维的雄浑和叙事的杰出才能"。吉卜林和加洛琳一起到斯德哥尔摩领奖。令人遗憾的是，颁奖仪式的气氛有些沉闷。到会者寥寥数人，整个过程没有掌声，没有喝彩。因为前几天，瑞典国王去世了，全城都沉浸在一片悲哀的氛围之中。吉卜林后来在自传体札记《谈谈我自己》中称这次颁奖仪式是令人窒息的"庆典"。

成功的时候也是悲伤的时候。吉卜林的乔琪姨妈在1906年去世，母亲艾丽斯于1910年去世，不久父亲约翰也跟着过世了。翠丝哀伤得失去了理智，父母的身后事便由吉卜林一手安排。自此以后，再也没有人能像父亲那样和他坦诚亲密地讨论一篇文章；再也没有人拿起他的稿子，一声不响地加上一段极富地方色彩的文字。吉卜林和印度以及过去的最强的维系，自此断开了。

父母和亲戚的去世并没有使吉卜林沮丧，他还有未来，他还有孩子和他热爱的事业。吉卜林越来越喜欢儿童，他后来的很多作品都是为孩子们写的。文中经常充满对未来的希望，吉卜林教导孩子们要有勇气，要独立，要勤劳。他相信这些是国家未来发展的依靠。

吉卜林很用心地写这些给孩子们的故事，运用各种技巧使对话和述事简单明了，让孩子可以看得懂，同时又能够把更深一层的意思传达给成年人。吉卜林对工会的怀疑，他的必须作好战争的准备以确保和平的观点，他对爱尔兰自治的担心；他对帝国权威可能被打破的不安等，都从他写的儿童读物中传达给成年读者。

身为一个深爱军队，且有军国主义倾向的人，吉卜林有一点失望。因为他的儿子约翰眼睛不好，不能当兵。1914年前后，吉卜林开始为子女的事情操心，他不知道他衷心爱着的这两个孩子，将来可以做些什么事。

凄清晚景

政治冲突

第一次世界大战爆发之前，吉卜林遭遇到了政治方面的冲突。这些冲突主要来自两个方面。一方面是日益兴起的妇女解放运动。吉卜林反对那些主张妇女有选举权的人，但并不激烈。可能是顾及他的太太和女儿。

另一方面，源自吉卜林推崇的帝国主义。吉卜林对于帝国之间互惠关税的政策很不以为然，他认为这有违英国的荣誉和勇武精神。他谴责新的帝国主义的观念。旧的帝国主义才是他想要的，他站在讲台上，对新成立的帝国主义者协会讲出他的意见。尤其是爱尔兰问题，使吉卜林愤怒到极点，他认为让爱尔兰自治"有辱张伯伦"的政治家声望。吉卜林认为英国是要管理全世界的当然强国，爱尔兰必然是属于英国的。帝国只要稍有分裂，让任何一部分自治，都会鼓励海外属地的野蛮人跟着自治，然后白人就会受到黑人的统治，这一点是他难以想象的。

这种观点与当时的英国当局是矛盾的，当局倾向于同意爱尔兰自治。因为这一分歧，吉卜林几乎叛国。他支持陆军阻止爱尔兰自治，支持任何反对当局政府的行动。

1914 年七八月间，第一次世界大战爆发。吉卜林和政府当局关于帝国主义的争议暂时搁置。对于这场战争，吉卜林感到愉快，因为在他的观念里，战争可以清除一切腐败的现象。

英国的当代青年热烈响应国家发出的征兵令，英国国内的宣传把这场战争说成是正义的，是解决政治问题的决定性机会。很多年轻人以诗人般乐观的心情参加了战争。三年后，他们最初的乐观荡然无存，他们甚至开始怀疑为女王、为国家而战是否值得。

吉卜林的儿子约翰这时还不满 17 岁，但是吉卜林还是把他送进了军队。据说，约翰的视力并不合格，吉卜林费了一番力气才顺利让约翰获得一个临时少尉的职务。

约翰做了年轻的军官，在军营中生活愉快。他工作努力，和士兵相处得很好，很快就赢得了一个很好的名声。他的部队驻在伦敦附近，吉卜林夫妇偶尔会开车去看他。吉卜林和加洛琳提出把"贝特曼屋"捐给政府，作为临时军医院，但是没有被接受。

约翰有时候也带些同僚到家里来，吉卜林很喜欢和这些年轻军官在一起，他们单纯、直爽、爱国，追寻着他们的理想。吉卜林虽然很坚定地送儿子去当兵，但身为一个父亲，他还是很担心的。不过，他只能掩藏起自己的情绪，并且比约翰更早到前线去。

1915 年夏天，吉卜林作为战地记者前往前线。他的第一站是法国，在见到法国士兵之前，吉卜林先见到了克里孟梭。他对这位被称为"老虎"的法国总理印象非常好，他的爱国主义，以及坚持法国人必须要像德国人一样有训练、有纪律才能打败德国兵的主张，让吉卜林深表赞同。

这次法国之行给吉卜林印象最深的是法军的军纪严明：一位哨兵值班时睡着了，最后被处以枪决，他的长官也受到了不同程度的惩罚。

吉卜林以军国主义者的眼光来看待这场战争。他不了解战壕里的生活，也不了解有些人正在残酷地利用士兵们的勇气。当然，吉卜林也是利用士兵们勇气的人之一。他似乎一直不认为战争本身是"反人道的罪恶"，这个看法今天看来明显是不对的。

关于战争的故事

在前线期间，吉卜林写了几篇关于战争的故事。其中的《清扫与点缀》是一篇草率而感情用事的宣传文章。还有一个关于一位患忧郁症的德国女人的复仇故事，她因为看到德国军队残害小孩而变得狂乱，这个故事的结局悲痛而残忍。作者明显喜欢赋予他所创造的人物以灾难性的人生，这灾难会刺激读者的心灵，给他们留下更深刻的印象。

在《玛丽·波斯盖特》中，吉卜林对因战争和亲人死亡而沮丧的人作了一个很好的研究，笔调中立而超然。玛丽·波斯盖特是一位贵妇人的女仆，她疯狂地爱着主人的侄子，但那个年轻人却对她毫无感情。后来，她接到他死亡的消息，从此开始仇恨战争。这使得她虐待狂般地拒绝救助一位奄奄一息的德国空军士兵。在感到那名德军停止呼吸的时候，玛丽觉得那是她一生中最满足的一刻。

吉卜林很可能私下认为他创造了一个真正爱国的理想境地，但是他的技巧是单一的。玛丽的行为从心理学上来讲是有可能发生的，她是一个一时失去精神平衡的女人。就像创造出她的作者是一个一时失去精神平衡的男人一样，而

一战前后的吉卜林

1915 年的欧洲也是一块失去平衡的大陆。

《海上警察》是另一个关于战争的故事，整篇小说的创作技巧明显比吉卜林年轻时代的作品更为成熟。故事的内容很简单：在航行途中，一艘运送物资的油船船长得了肺炎，服务于船上的军官拒绝放弃职责送他到医院去，最后船长病死了。吉卜林的观点似乎有些道理，战争不是儿戏，不能因为一个人而放弃国家和更多民众的利益。

天人永隔

吉卜林任战地记者期间，他的儿子约翰如他所愿且如他所担心的那样上了前线。10 月，约翰遇难的消息传到了吉卜林家里。据军方称，在一场攻击中，约翰头部中弹，被一名士兵安置在一个战壕中。战斗结束后，英军清理战场，己方共牺牲了两万名军人，而约翰受伤失踪了。

吉卜林对这封电报的潜在意思很清楚，但加洛琳还抱着希望。他们请美国驻瑞士和梵蒂冈的大使馆帮忙调查，但约翰不是被俘，所以一直没有结果。吉卜林四处调查，最后认定约翰是阵亡了。斯坦利·鲍德温的儿子奥利弗在两年以后，从一名亲眼看到约翰阵亡的士兵那里证实了这个结论。约翰的尸体一直没有找到。

没有什么能够安慰吉卜林，他并不是一个深信宗教的人。

虽然有许许多多的来信慰问他，当然其中也有几封信说这是他推崇军国主义的结果。

吉卜林想从他儿子短暂的生命所表现出来的成就中找到一点值得骄傲的事，他在写给邓斯特的信中说：

> 他只有 18 岁零 6 个星期的生命，但已经是资深的护旗官，而他在后方的那一年，也能够辛勤地工作。部队的报告说他是最好的少尉之一，而且还是体育教官和通讯官。我很遗憾他那么多年的努力就在某一个下午结束了。像我这种情形的人一定不少，不过能够培养出一个男子汉也算值得安慰。

吉卜林这位父亲的反应和战争中失去亲人的"不少人"一样，他们都无比痛恨德国人，希望能在战争中为他们的亲人报仇。

约翰过世后，艾尔西成了她父母唯一的精神支柱。她和吉卜林比较亲近，这使得加洛琳的生活有些寂寞而难过。加洛琳仍然尽全力保护着她的丈夫，避免他受到外界的压力。约翰失踪的消息到达时，吉卜林正在患胃炎，她再度一个人静静地忍住悲哀，直到他康复一些才把这个消息告诉他。"她能忍住悲哀，真是了不起。"吉卜林告诉邓斯特，这是吉卜林做不到的。

在战争接近尾声的时候，吉卜林害怕协约国太轻易放过德国。他不喜欢美国的威尔逊总统，因为威尔逊总统一直是一副保持中立的面孔，现在又空谈"十四点和平原则"，还要组织一个"国际联盟"。吉卜林不赞成和平政策，他要血债血偿。老罗斯福这个时候还和吉卜林保持通信，他的观点大致和吉卜林一样，他也不喜欢威尔逊，不过与吉卜林相比，老罗斯福显然是一位更实际的政治人物。

教堂的钟声告诉吉卜林和加洛琳停战协议已经签字了。战争初期，吉卜林兴高采烈地投入其中，但是这场战争的悲剧结局使他必须面临一个阴沉的未来。

吉卜林开始不关心大英帝国的重建，他关注的是他在战争中受到的创伤，以及横放在他眼前的工作。他计划编写爱尔兰艺术史，并参与执行"皇家战争善后委员会"的行政工作。

奇特的政治地位

第一次世界大战后的吉卜林意志消沉，健康状况也一直不太好。他的胃炎一再复发，医生说没有办法根治，吉卜林害怕会发展成癌症，但每次检查都证明这种概率很小。几次治疗之后，病情也没有好转。在吉卜林去世的前两年，一位法国医生终于诊断出他是得了十二指肠溃疡，因为拖得太久了，才没有办法治好，这才祛除了他对癌症的恐惧。

战后吉卜林的作品中，癌症、嫉妒、奉献和爱纠缠在一起，比如《希望之屋》。这是以一位年老的职业妇女的故事为基础讨论不成熟的爱和迷信。从传统观念来看，不论从性方面或文化方面，她都是一个不幸的人。吉卜林不指责她的缺点，而是让她的性格充分地显现出来，并有技巧地使用对话来拉开作者和故事本身的距离。

吉卜林还有一些作品讲述了共济会的故事，其中一篇小说讲的是共济会特别关心从前线回来的人，以及为这些人治疗战争创伤的事情。吉卜林认为共济会本身就有助于心理健康。

在战后的新世界里，共济会是少数几个没有改变的组织之一。吉卜林是一个保守主义者，他对看到的一切改变都觉得厌恶。吉卜林还断定有阴谋分子的存在，他们正在密谋把一切好的东西推翻。

犹太人成了他的第一个目标。不过为了名声起见，吉卜林没有公开他的想法，而且不久后他就放弃了反犹太思想，因为几年以后反犹太成了德国的国家政策。

那时候，吉卜林最害怕的一件事是"把印度交出去"。虽然英国政府还没有真正考虑让印度独立，但政府的政策已经向这方面发生了倾斜。印度当局开始大量任用印度本地官员。吉卜林很不喜欢这种情形，他决定联合一些支持他的人形成一股反对力量。

吉卜林倡议由整个英国和整个帝国的有声望的人组成

一个"自由联盟"。1920 年 3 月,联盟开始征求捐款。到 4
月中旬,吉卜林忙着到处写信以扩大联盟的影响,偏在此时,
联盟中掌管账目的人监守自盗。吉卜林身为联盟的发起者,
当然要负责处理这件事。他本意要用自己的钱来弥补这项
亏空,但这样做等于公开承认有人监守自盗,让反对方笑话。
于是一个月后,联盟静悄悄地夭折了。

这时候,瑞德·哈格德成了吉卜林最亲密、最长久的文
学上的朋友,他也参加了吉卜林的"自由联盟"。哈格德将
自己的注意力放在农业书籍的写作上,吉卜林也渐渐地对这
方面感兴趣了。哈格德常常到"贝特曼屋",两个人可以在
书房中各据一方,各自工作,或者相互交换意见。

除哈格德以外,"贝特曼屋"也常常有许多其他访客。
爱尔兰警卫团的年轻人来给吉卜林提供数据,让吉卜林替他
们撰写团史。艺术家、作家、殖民地官员和军人、老朋友的
儿子都常常到"贝特曼屋"来拜访。

常到"贝特曼屋"的还有斯坦利·鲍德温,他和吉卜林
一样喜欢读书,更喜欢在政治工作的繁忙中偷闲到"贝特曼
屋"享受一下清静。斯坦利·鲍德温喜欢到乡间散步,但他
走得太快了。有一次他到"贝特曼屋"来,发现房间的门上
钉着一张纸,上面写着:

客人守则

第一条:客人散步速度不得超过每小时五公里。

第二条：一次散步不得超过两小时，

第三条：不得哄骗当地人陪客人散步，否则屋主概不为后果负责。

吉卜林、加洛琳、艾尔西（当地人）上

斯坦利·鲍德温在 1923 年的选举中获胜，成了英国首相，他的亲戚们当然引以为荣。吉卜林和加洛琳也常常到斯坦利·鲍德温的官邸去，而吉卜林在政治方面的影响力也大为增加。斯坦利·鲍德温请他草拟保守党宣言，以及其他演讲稿。斯坦利·鲍德温攻击报界财阀的讲词，指责他们"寻求权利而不愿意负责任"，就是出自吉卜林的手笔。

20 世纪 20 年代，吉卜林的政治地位是非常奇特的，这可以从三方面表现出来。他的作品使他成为单纯的、非政治性保守主义的顶尖发言人。在他最受人欢迎的作品中，读者只能看到他对东方国家浪漫的绮想。

在非正式的圈子里，吉卜林被认为是一位真诚的朋友，以及偶尔的保守政治领袖的顾问。他和加洛琳常常支持保守党的政治选举工作，不过他自己从来都拒绝接受保守党的国会议席。

在私生活方面，吉卜林是一位保守色彩极浓的人，很符合别人对他的形容，"极端疯狂愚蠢的右翼人士"。他一直与他的表弟斯坦利·鲍德温感情很好，但是他常常对朋友说，斯坦利·鲍德温"骨子里是一位社会主义者"。吉卜林和一位老朋友谈话时，曾指责美国参加第一次世界大战的时间那么晚，战后却更加富有和强盛，分明是借战争大发横财。后来这位朋友把吉卜林说的话告诉了美国报界，以至于美国大为不满。最后英法两国不得不发表声明，否认两国政府持有与吉卜林相同的观念。

政府当局颁发给吉卜林的许多荣誉都被他拒绝了。唯有大学给他的荣誉，他能够安心接受。他接受爱丁堡大学的荣誉博士学位，巴黎大学也给了他同样的荣誉。1923 年，他被选为圣安德鲁斯大学的校长。

吉卜林很早就下定决心不被金钱左右，他一直在坚持这个原则。这时，他已经成了坚定、独立、白手起家的人的代言人。

吉卜林一直保持着倔强独立的性格，这一度使得英国王室很尴尬。他好几次拒绝王室颁给他的勋章，又拒绝参加英王的加冕典礼，白金汉宫不得不发表声明，说是吉卜林拒绝接受封爵，并不是王室对他有什么恶意。

吉卜林觉得迫使王室发表这个声明是一件很不好意思的事情，他觉得更不好意思的是使英王乔治五世受窘，因为他们并不陌生。吉卜林在"皇家战争善后委员会"工作时，与乔治五世相识。吉卜林为英国在战争中牺牲的士兵们题写了墓志铭，其中一句话是："他们的名字永存千秋。"吉卜林还和其他著名人士建议在威斯敏斯特大教堂设立一个"无名士兵之墓"，当然，他自己也是一个不知身葬何处的军人的父亲。

吉卜林每到法国去，必定去探视公墓，以悼念他的儿子。

到 1928 年以后，吉卜林和乔治五世的关系更加亲密。当他们在私人宴会相遇时，乔治五世总会和吉卜林长谈，常常一谈就是一整个晚上。吉卜林和加洛琳也常常在周末到乔治五世的宫殿里做客。

艾尔西在 1924 年和乔治·班瑞思结婚后，吉卜林夫妇就更加寂寞了。班瑞思以前在爱尔兰警卫团服役，退伍后从事外交工作，艾尔西跟着他离开英国，与父母见面的机会越来越少了。

吉卜林越来越依赖加洛琳。一个年轻人在一次集会中遇到他们俩，事后他写道：

> 吉卜林夫人……一个心地善良、意志坚强的妇人，照顾他太久了，深深知道怎样使他不受到心理、身体或精神方面的干扰。这是她的工作，她做得很好……
>
> "加洛琳，"他转过身来对吉卜林夫人说。你立刻可以看出来，这个时候对他来说，只有她一个人的存在——因为她能够领着他，回到他们的家，他十分满足。

当然，这只是外人眼里吉卜林夫妇的关系，或多或少会有些不真实的部分。加洛琳的缺点是喜好嫉妒，对吉卜林的爱是独占性的，这使得吉卜林晚年的时候不能随心所欲地交朋友。

吉卜林夫妇的健康状况似乎都不怎么好。1927年，他们曾到巴西住了很久。两年后，他们又去了西印度群岛，加洛琳得了盲肠炎，在医院里住了四个月。

郁郁而终

吉卜林在世的最后十年过得并不舒服。1925年，他与一些朋友产生了分歧，闹得很不愉快。文学界的潮流也似乎把吉卜林甩在了后面，他不喜欢当时流行的自由主义文章。

在所谓前进的文学圈子里，吉卜林就是一个落伍者。战后，他出版的两个集子里收录了一些他最有感触的文章，但却因其晦涩引起了一些评论者的批评。

1928年，在哈代的葬礼上，出席的英国文学大家组织了一个集会。吉卜林排在萧伯纳之后，他们两个人体形的差别并不少于意见的差别。实际上，吉卜林的个子不算矮，但是他体形粗壮，脖子又短，看起来就显得矮了。

吉卜林又为他的忠实读者写了一本书。他根据他自己以及读者对狗的喜爱，以儿童式的语言，写出了一本他从他的爱犬身上所观察到的狗的故事。这本《你的忠仆———一只狗》虽然在六个月内卖出了十万本，但却严重地损坏了他的文学名声。据说是因为这本书的技巧性很差。

虽然读者们以邓斯特等人为首，组成了一个"吉卜林社"，但吉卜林自己却不赞赏读者们的这个举动。在得不到文学同辈的尊敬和支持，又无儿女承欢膝下的情形下，一代文豪吉卜林就这样郁郁地度过了他的残生。

吉卜林的许多作品取材自印度，但直到今天，吉卜林在印度的声誉仍然是相当负面的，因为人们普遍认为他的作品充满了帝国主义色

吉卜林全身雕塑

彩，他笔下的文学形象往往既是忠心爱国和信守传统的人，又是野蛮和侵略的代表，尤其是一战前几年的作品。在印度大学教育有关英国文学的课程中，有关吉卜林的作品，除了大部分儿童文学外，其他很少提及。然而近年来，随着殖民时代的远去，吉卜林也以其作品高超的文学性和复杂性，越来越受到人们的尊敬。

1936年1月18日，吉卜林在伦敦去世，英国政府和各界人士在威斯敏斯特大教堂为他举行了隆重的国葬。